Neuerungen und Auswirkungen des Alterseinkünftegesetz

Thomas Eulenpesch

Neuerungen und Auswirkungen des Alterseinkünftegesetz

Bibliografische Information der Deutschen Nationalbibliothek:
Die Deutsche Nationalbibliothek verzeichnet diese Publikation in der Deutschen Nationalbibliografie; detaillierte bibliografische Daten sind im Internet über http://dnb.dnb.de abrufbar.

Verlag: TASSICIO UG (haftungsbeschränkt) & Co. KG, Weeze
Herstellung: BoD – Books on Demand
ISBN: 978-3-944844-03-9

Inhalt

1 Einleitung

1.1 Grundlagen und Thema

Zum Jahresbeginn 2005 ist das neue Alterseinkünftegesetz in Kraft getreten. Die Einführung des Alterseinkünftegesetzes ist auf eine langjährige Diskussion, die bereits in den 1980er Jahren begonnen wurde, zurückzuführen. Bereits in den 1980er Jahren hatte sich das Bundesverfassungsgericht mit der Problematik bei der unterschiedlichen Besteuerung von gesetzlichen Renten und Beamtenpensionen auseinandersetzen müssen.

Jedoch hat die Bundesregierung zunächst bis auf kleine Änderungen nicht auf die Anmerkungen des Bundesverfassungsgerichts reagiert. Erst mit dem Urteil aus dem Jahre 2002, in dem durch das Verfassungsgericht die Verfassungswidrigkeit bestätigt und eine Frist bis zum 1. Januar 2005 gesetzt wurde, erfolgte eine Reformierung durch die Bundesregierung.

1.2 Ziel der Untersuchung

Daher soll durch diese wissenschaftliche Arbeit die Problematik, die durch die verfassungswidrige Besteuerung auftrat, sowie auch die Auswirkungen, die sich durch die

Änderungen bzw. durch die Einführung des Alterseinkünftegesetzes ergeben haben, aufgezeigt werden. Daher wird auch im vierten Abschnitt eine Auswahl der Entscheidungen des Bundesfinanzhofes angegeben, der wiederum einen Querschnitt über die Gesamtheit der Entscheidungen abbilden soll.

1.3 Abgrenzung des Untersuchungsgegenstandes

Im Rahmen dieser wissenschaftlichen Arbeit wird der Fokus auf die Neuerungen durch das Alterseinkünftegesetz und die gesetzliche Rentenversicherung gelegt. Somit werden in dieser Arbeit die privaten Rentenversicherungen nur marginal behandelt, was wiederum einen Ansatzpunkt für weitere wissenschaftliche Arbeiten mit Fokus auf die Auswirkungen, die für private Rentenversicherungen entstehen, bietet.

2 Grundlagen der Rentenversicherung und alte Rechtslage

2.1 Rente im Einkommenssteuerrechtlichen Sinne

Nach § 22 des Einkommenssteuergesetzes (EStG) unterliegen die Rentenbezüge der Besteuerung. Hierbei sind diese Abgaben den sog. sonstigen Einkünften zugeordnet. Aufgrund der Verfassungswidrigkeit der alten Rechtslage wurde zum Jahre 2005 eine grundlegende Reform der Rentenversicherung durchgeführt.

Seit 2005 ist zwischen den Rentenbezügen aus der gesetzlichen Altersvorsorge und der Rürup-Rente sowie anderen Renten zu unterschieden. Die gesetzliche Altersvorsorge sowie die Rürup-Rente unterliegen seit 2005 einer nachgelagerten Besteuerung. Versorgungs- und Entschädigungsrenten, die beispielsweise durch die Berufsgenossenschaft gezahlt werden, bleiben weiterhin steuerfrei.

Auch für abgeschlossene Verträge einer Direktversicherung gilt weiterhin eine Besteuerung des Ertragsanteils gemäß § 40b des Einkommenssteuergesetzes. Somit ist für jede Art der Renten- sowie Beitragszahlungen an die Träger der Rentenversicherung eine andere gesetzliche Grundlage zu beachten.

2.2 Vorgelagerte Besteuerung nach altem Recht

Bei der vorgelagerten Besteuerung erfolgt die Einzahlung in die Rentenkasse aus bereits versteuertem Einkommen. Hingegen wird in der Rentenphase nur der Ertragsanteil erhoben. Dies bedeutet, dass die größte Steuerlast während der Erwerbs-und in der Rentenphase nur eine niedrige Besteuerung erfolgt. In der Rentenphase kann sich aufgrund des niedrigen Ertragsanteils auch eine völlige Steuerfreiheit für den Bezieher der Rentenzahlungen ergeben.

Aufgrund der unterschiedlichen Besteuerung von Beziehern einer Leistung aus der gesetzlichen Rentenversicherung und der Erhebung von Beamtenpensionen wurde dieses System jedoch als antikonstitutionell eingestuft. Auf diese Verfassungswidrigkeit wird im nachfolgenden Abschnitt näher eingegangen.

2.3 Verfassungswidrigkeit des alten Rechts

Die Verfassungswidrigkeit des alten Rechts wurde am 6. März 2002 durch das Bundesverfassungsgericht bestätigt. Dies verdeutlicht der nachfolgende Leitsatz des Urteils des Bundesverfassungsgerichts: „Die unterschiedliche Besteuerung von Beamtenpensionen nach § 19 EStG und der Renten aus der gesetzlichen Rentenversicherung nach § 22 I 3 Buchstabe a EStG ist mit dem Gleichheitsgrundsatz des Art. 3 Abs. 1 GG nicht vereinbar."

Vor der Änderung durch das Alterseinkünftegesetz waren Beamtenpensionen im Gegensatz zu den Rentenzahlungen der Arbeitnehmer in der Auszahlungsphase nach Abzug des Versorgungsbeitrages in Höhe von 40% der Bezüge, höchstens jedoch 3.072 Euro voll steuerpflichtig (§ 14 I 2 EStG). Nach § 22 I EStG hingegen, wurde bei Rentenzahlungen von Arbeitnehmern nur der Ertragsanteil versteuert.

Somit muss bei den Rentenzahlungen lediglich für den Zinsanteil eine Abgabe geleistet werden. Auch wenn die Hälfte der Zahlungen zum Rentenbeitrag zuvor aus versteuertem Arbeitslohn eingezahlt wurde, galt der vollständige Kapitalanteil als steuerfrei.

Bereits 1980 wurde die Bundesregierung als Gesetzgeber vom Bundesverfassungsgericht darauf aufmerksam gemacht, dass eine Neuordnung der Beamtenpensionen und Rentenzahlungen notwendig ist.[1] Jedoch ist die Bundesregierung dieser Anordnung zunächst nicht gefolgt.

---

[1] Vgl. Bundesverfassungsgericht (1980)

2002 wurde die Verfassungswidrigkeit der Besteuerungsgrundlagen erneut überprüft. Im Gegensatz zum vorherigen Urteil wurde dies jedoch von der Bundesregierung als Ansatzpunkt für eine Reformierung der Besteuerungsgrundlage genutzt.

Das Urteil des Bundesverfassungsgerichts stellte damit klar, dass die ungleiche Besteuerung der gesetzlichen Renten und der Beamtenpensionen verfassungswidrig ist. Dabei verpflichtete das Institut den Gesetzgeber dazu, eine mit der Verfassung vereinbare Gesetzeslage bis zum 1. Januar 2005 herzustellen.

Die Vorgaben des Bundesverfassungsgerichtes aus dem Urteil vom 6. März 2002 wurden durch die Bundesregierung mit der Einführung des Alterseinkünftegesetzes (AltEinkG) umgesetzt. Durch die Bekanntgabe des Alterseinkünftegesetzes am 9. Juli 2004 im Bundesgesetzblatt wurde somit die Auflage erfüllt. Dieses Gesetz trat erst zu Beginn des Jahres 2005 in Kraft.[2]

Bei dem Alterseinkünftegesetz handelt es sich um ein Änderungsgesetz. Dies bedeutet, dass durch diese Regelung Auswirkungen auf andere Gesetze und Verordnungen entstehen. Der Hauptteil, der darin verfassten Änderungen bezieht sich

---

[2] Vgl. Stein, M. und Jungblut, S. (2005), S. 5.

jedoch auf das Einkommenssteuergesetz, da die nachgelagerte Besteuerung dort erfasst worden war.

Ab dem Renteneintritt im Jahr 2006 wurden 48% der Rentenzahlungen steuerpflichtig. Der Steuersatz von 48% steigt jährlich um 2 Prozentpunkte bis zum Jahr 2020 an. Von 2020 wächst die Besteuerung um einen Prozentpunkt bis zur vollkommenen Besteuerung im Jahr 2040.

Zeitgleich wurde jedoch festgelegt, dass die Aufwendungen zur Altersvorsorge während der Einzahlungsperiode bis zu einem festgelegten Höchstbetrag von der Steuer abgesetzt werden können. 2006 wurde die Beschränkung der Abzugsmöglichkeit auf 62% der gezahlten Beiträge zur Altersvorsorge, maximal jedoch auf 12.000 Euro begrenzt. Dies bezieht sich sowohl auf den Arbeitnehmer- als auch den Arbeitgeberanteil.

In den darauf folgenden Jahren steigt die Quote der Beschränkung stetig um zwei Prozentpunkte an. 2025 können die Aufwendungen zur Altersvorsorge vollkommen steuerlich geltend gemacht werden.[3]

---

[3] Vgl. Wagner, G. (Hrsg.) (2005), S. 21.

Somit startet die vollständige Besteuerung der Rentenbezüge ab 2040. Hingegen profitieren die Arbeitnehmer bereits ab 2025 von der Steuerbefreiung.

Zusätzlich zum Gesetzestext sind ebenfalls die Anwendungserlasse des Bundesministeriums der Finanzen von grundlegender Bedeutung. In Bezug auf das Alterseinkünftegesetz existieren mehrere sog. BMF-Schreiben. Dies sind u. a. die nachfolgenden Dokumente:

- BMF-Schreiben IV C 4 - S 2222 - 177/04 (17. November 2004) steuerliche Förderung der privaten Altersvorsorge und betrieblichen Altersversorgung
- BMF-Schreiben IV C 3 - S 2255 - 51/05 (24. Februar 2005) Gesetz zur Neuordnung der einkommensteuerrechtlichen Behandlung von Altersvorsorgeaufwendungen und Altersbezügen - Alterseinkünftegesetz (AltEinkG)

Aufgrund des Umfangs der BMF-Schreiben wird im Rahmen dieser wissenschaftlichen Arbeit nur auf die beiden zuvor aufgeführten Regelungen eingegangen.

„Zum Sonderausgabenabzug für Beiträge nach § 10 Abs. 1, zur Besteuerung von Versorgungsbezügen nach § 19 Abs. 2 und für Einkünfte nach § 22 Nr. 1 Satz 3 Buchstabe a des

Einkommensteuergesetzes (EStG) in der Fassung des Alterseinkünftegesetzes vom 5. Juli 2004 (BGBl. I S. 1427; BStBl I S. 554)“ gelten „im Einvernehmen mit den obersten Finanzbehörden der Länder ab 1. Januar 2005“ die im BMF-Schreiben IV C 4 - S 2222 - 177/04 getroffenen Regelungen.

„Für die Inanspruchnahme des Sonderausgabenabzugs nach § 10a EStG wird, was die Prüfungskompetenz der Finanzämter betrifft, vorab auf § 10a Abs. 5 Satz 3 EStG hingewiesen, wonach die in der Bescheinigung des Anbieters mitgeteilten übrigen Voraussetzungen für den Sonderausgabenabzug nach § 10a Abs. 1 bis 3 EStG im Wege des automatisierten Datenabgleichs nach § 91 EStG durch die zentrale Stelle (zentrale Zulagenstelle für Altersvermögen - ZfA) überprüft werden.“[4]

In diesen BMF-Schreiben wird insbesondere auf die Gleichbehandlung aller Gruppen von Versorgungsempfängern eingegangen. Somit sollte durch die Bundesregierung ein für alle Parteien gerechtes Modell eingeführt werden, damit der Lebensunterhalt im Alter auch weiterhin gesichert werden kann.

---

[4] BMF Schreiben IV C 3 - S 2255 - 51/05

2.4 Direktversicherung und Pensionsfonds

Nach der alten Rechtslage war es den Arbeitnehmern möglich, die an eine Direktversicherung, an einen Pensionsfonds oder an eine Pensionskasse geleisteten Beiträge als Sonderausgaben steuermindernd anzusetzen. Der Sonderausgabenabzug ist jedoch nur dann möglich, sofern die Beiträge aus bereits versteuertem Einkommen bezahlt wurden und die Vorschriften des §10a in Verbindung mit § 79ff des Einkommenssteuergesetzes erfüllt wurden.

Die zuvor aufgeführten Punkte behalten auch nach der Einführung des Alterseinkünftegesetzes ihre Gültigkeit. Durch die Reform der betrieblichen Altersversorgung wurden bereits ab dem 1. Januar 2002 die Rentenzahlungen der betrieblichen Altersvorsorge einer nachgelagerten Besteuerung unterzogen. Diese Form der Abgabe war für das Finanzamt jedoch nur dann möglich, wenn der Steuerpflichtige zuvor vom Abzug der Werbungskosten oder von einer Förderung durch staatliche Zulagen Gebrauch gemacht hat.

Somit ergibt sich eine Verschiebung bei der Versteuerung. Während der Arbeitstätigkeit erfolgt eine steuerliche Entlastung. Hingegen ergibt sich beim Rentenbezug eine zusätzliche Belastung des Steuerpflichtigen. Sofern sich der Zahler während der Arbeitszeit für die Pauschalbesteuerung entschieden hat, wird während der Rentenphase nur eine Besteuerung des Ertragsanteils vorgenommen.[5]

Durch die Einführung des Alterseinkünftegesetzes ergab sich eine Vereinheitlichung bei der Besteuerung der unterschiedlichen Formen der Altersvorsorge. Somit ergaben sich für die betriebliche Altersversorgung ebenfalls deutliche Auswirkungen insbesondere in Bezug auf die Besteuerung von Einzahlungen in den Pensionsfond, die Pensionskasse oder bei den Einzahlungen in Direktversicherungsverträge.

Bei der Rentenzahlung durch Unterstützungskassen sowie im Rahmen von Direktzusagen wurde auch vor der Einführung des Alterseinkünftegesetzes eine vollständige Versteuerung durchgeführt. Die Steuerlast konnte dabei meist nur minimal durch die Ausschöpfung des Versorgungsfreibetrages sowie die Nutzung des Werbungskostenpauschalbetrages vermindert werden.

Die vollständige Versteuerung ergab sich daraus, dass die Beiträge zur Altersvorsorge durch den Arbeitgeber getragen wurden und der Steuerpflichtige nach Rentenbeginn

---

[5] Vgl. Preißer, M., Sieben, S. (Hrsg.) (2005), S. 49.

„Arbeitslohn“ erhält. Somit sind diese Einkommen auch den Einkünften aus nicht selbstständiger Arbeit zuzurechnen.[6]

---

[6] § 19 I 2 Einkommenssteuergesetz

3 Neuerungen durch das Alterseinkünftegesetz

3.1 Neuerungen in der Erwerbsphase

Einer der bedeutendsten Bestandteile für den Wechsel im System der Basisversorgung der Rentner ist die Entlastung der Rentner in der Ansparphase durch geeignete steuerliche Maßnahmen. Während dieser Periode wird das sog. subjektive Nettoprinzip nach § 1 des Einkommenssteuergesetzes (EStG) angewandt.

Durch das subjektive Nettoprinzip wird die Leistungsfähigkeit jedes individuellen Steuerpflichtigen berücksichtigt. Dies bedeutet, dass die notwendigen Ausgaben zur Existenzsicherung des Arbeitnehmers kein Einkommen darstellen, das ihm zur freien Verfügung steht. Daher ist dieses existenzsichernde Minimum von der Besteuerung ausgenommen.[7]

Da die Pensionäre jedoch keine Einzahlungen in die Rentenkassen vornehmen, sind diese von der gesetzlichen Regelung nicht betroffen. Daher ist eine Entlastung bereits während der Beitragszahlung und somit während der

---

[7] Vgl. Kußmaul, H. (2005), S. 258f.

Erwerbstätigkeit notwendig. Hierauf werde ich im nachfolgenden Abschnitt näher eingehen.

Gemäß § 10 I 2 und § 10 I 3 sowie nach § 10a des Einkommenssteuergesetzes können Vorsorgeaufwendungen, die aus individuell versteuerten Einkommen finanziert wurden, als Sonderabgaben abgezogen werden. Der zuvor einheitliche Abzug der Vorsorgeaufwendungen wurde durch die Einführung des Alterseinkünftegesetzes geändert.

Durch die Einführung des Alterseinkünftegesetzes zum 1. Januar 2005 wurde der Begriff der Vorsorgeaufwendungen in zwei Kategorien aufgeteilt. Diese Kategorien legen den jeweiligen Höchstbetrag für den Steuerabzug fest. Die Wahl der Kategorie durch den Arbeitnehmer kann dazu führen, dass eine Schlechter- bzw. Besserstellung ermöglicht wird.

Um diese Problematik zu umgehen, wurde durch den Gesetzgeber eine sogenannte Günstigerprüfung eingeführt. Dies beruht insbesondere auf dem Sachverhalt, dass die Regelungen des § 10 I 2 und 3 des Einkommenssteuergesetzes unter einigen Voraussetzungen für den Steuerpflichtigen ungünstiger sein können, als die Anwendung der Regelungen nach § 10 III des in der für das Kalenderjahr 2004 geltenden Einkommenssteuergesetzes.[8]

3.1.1 Abzug von Sonderausgaben

Für sog. Riesterverträge wurde in § 79 und § 10a des Einkommenssteuergesetzes eine Förderung vorgesehen. Durch die Einführung des Alterseinkünftegesetzes wurden diese Regelungen nicht verändert. Die im Rahmen der Riesterverträge geleisteten Zahlungen werden weiterhin steuerlich begünstigt.[9]

Aktuell ist der Höchstbetrag für den Abzug von Sonderausgaben im § 10a des Einkommenssteuergesetzes auf einen Betrag von 2.100,00 Euro begrenzt. In den vorherigen Perioden wurde der Sonderausgabenabzug wie folgt festgelegt:[10]

Veranlagungszeitraum 2002:	525,00 Euro
Veranlagungszeitraum 2003:	525,00 Euro
Veranlagungszeitraum 2004:	1.050,00 Euro
Veranlagungszeitraum 2005:	1.050,00 Euro
Veranlagungszeitraum 2006:	1.575,00 Euro

[8] Vgl. Gunsenheimer, G. (2006), S. 169.

[9] Vgl. Preißer, M., Sieben, S. (Hrsg.) (2005), S. 67.

[10] Vgl. Lindmayer, K. H. (2009), S. 374.

Veranlagungszeitraum 2007: 1.575,00 Euro

Der Abzug der Sonderausgaben bezieht sich sowohl auf die durch den Steuerpflichtigen gezahlten Beiträge zum jeweiligen Altersvorsorgevertrag sowie auch auf die staatlichen Zulagen. Ausschlaggebend für die Höhe des Sonderausgabenabzugs ist das jeweilige Kalenderjahr und weicht somit vom Abflussprinzip des § 11 II des Einkommenssteuergesetzes ab. Dies bedeutet, dass die Höhe und die Zahlung der Zulage für die steuerliche Veranlagung unerheblich sind.[11]

3.1.2 Die Günstigerprüfung

Hierbei sollte darauf hingewiesen werden, dass der Abzug von Sonderausgaben nur dann zur Anwendung kommt, wenn dies für den Steuerpflichtigen günstiger ist, als die staatliche Zulage in Anspruch zu nehmen. Dies bedeutet, dass eine staatliche Förderung und ein Sonderausgabenabzug zeitgleich nicht möglich sind.

Daher wird die bereits erwähnte Günstigerprüfung vorgenommen. Bei dieser Prüfung wird durch das Finanzamt kontrolliert, ob für den Steuerpflichtigen der

---

[11] Vgl. BMF-Schreiben vom 17.11.2004.

Sonderausgabenabzug vorteilhafter ist als die staatliche Förderung. Damit diese Prüfung dem Finanzamt möglich ist, muss der Steuerpflichtige mit der Steuererklärung die Anlage AV übermitteln.

Sofern die Anwendung des Sonderausgabenabzugs für den Steuerpflichtigen vorteilhafter ist, wird dieser durch das Finanzamt durchgeführt. Zeitgleich wird die tarifliche Einkommenssteuer, die unter Berücksichtigung des Sonderausgabenabzugs durch den Finanzbeamten ermittelt wurde, um den Anspruch auf die staatliche Zulage erhöht.

Sofern die Höhe der staatlichen Zulage den Abzug der Sonderausgaben übersteigt, wird die Prämie gewährt. Diese Zulage teilt sich in Grund- sowie eventuell zusätzliche Kinderzulagen auf. Bei der Berücksichtigung eines sog. Riester-Vertrages entfällt die Zulage jedoch, da nur ein Sonderausgabenabzug ermöglicht wird.[12]

Hierbei ist zu beachten, dass bei der Zusammenveranlagung von Ehegatten, der Höchstbetrag, der von einem der Ehepartner nicht vollkommen ausgeschöpft wurde, nicht auf den anderen Ehepartner übertragen werden kann. Jedoch sind hierbei andere

---

[12] Vgl. Preißer, M., Sieben, S. (Hrsg.) (2005), S. 68.

Faktoren, wie beispielsweise die Günstigerprüfung zu beachten. Aufgrund des beschränkten Rahmens dieser wissenschaftlichen Arbeit kann nicht auf alle Aspekte eingegangen werden.

3.1.3 Abzugsfähige Sonderausgaben

Zu den Aufwendungen für die Altersvorsorge zählen die Beträge, die in Verträge der Basisversorgung zur Alterssicherung gezahlt werden. Die Verträge, die diese Voraussetzungen erfüllen, werden in § 10 I 2 S. 1 des Einkommenssteuergesetzes festgelegt. Hierbei handelt es sich um folgende Formen der Alterssicherung:

- § 10 I 2 a EStG: „Beiträge zu den gesetzlichen Rentenversicherungen oder zur landwirtschaftlichen Alterskasse sowie zu berufsständischen Versorgungseinrichtungen, die den gesetzlichen Rentenversicherungen vergleichbare Leistungen erbringen".
- § 10 I 2 b aa EStG:
  1. „Beiträge zum Aufbau einer eigenen kapitalgedeckten Altersversorgung, wenn der Vertrag nur die Zahlung einer monatlichen, auf das Leben des Steuerpflichtigen bezogenen lebenslangen Leibrente nicht vor Vollendung

des 62. Lebensjahres oder zusätzlich die ergänzende Absicherung des Eintritts der Berufsunfähigkeit (Berufsunfähigkeitsrente), der verminderten Erwerbsfähigkeit (Erwerbsminderungsrente) oder von Hinterbliebenen (Hinterbliebenenrente) vorsieht.

2. Hinterbliebene in diesem Sinne sind der Ehegatte des Steuerpflichtigen und die Kinder, für die er Anspruch auf Kindergeld oder auf einen Freibetrag nach § 32 Absatz 6 hat.

3. Der Anspruch auf Waisenrente darf längstens für den Zeitraum bestehen, in dem der Rentenberechtigte die Voraussetzungen für die Berücksichtigung als Kind im Sinne des § 32 erfüllt".

- § 10 I 2 b bb EStG:

  1. „Beiträge für Absicherung gegen den Eintritt der Berufsunfähigkeit oder der verminderten Erwerbsfähigkeit (Versicherungsfall), wenn der Vertrag nur die Zahlung einer monatlichen, auf das Leben des Steuerpflichtigen bezogenen lebenslangen Leibrente für einen Versicherungsfall vorsieht, der bis zur Vollendung des 67. Lebensjahres eingetreten ist.

2. Der Vertrag kann die Beendigung der Rentenzahlung wegen eines medizinisch begründeten Wegfalls der Berufsunfähigkeit oder der verminderten Erwerbsfähigkeit vorsehen. Die Höhe der zugesagten Rente kann vom Alter des Steuerpflichtigen bei Eintritt des Versicherungsfalls abhängig gemacht werden, wenn der Steuerpflichtige das 55. Lebensjahr vollendet hat"

Bei den Beiträgen, die der Steuerpflichtige außerhalb der in Punkt 1 erwähnten Zahlungen leistet, ist zu beachten, dass die Ansprüche „nicht vererblich, übertragbar, beleihbar, veräußerbar oder kapitalisierbar sein" dürfen.[13]

Es muss bei den Zahlungen der Beiträge zu der Basisrente berücksichtigt werden, dass für die Abziehbarkeit gewisse Voraussetzungen erfüllt werden müssen. Für den Sonderausgabenabzug muss zunächst die Gesamtsumme der Altersvorsorgeaufwendungen ermittelt werden, die gemäß den gesetzlichen Vorschriften berücksichtigt werden können. Bei einer Einzelveranlagung beträgt der Höchstbetrag gemäß § 10 III 1 des Einkommenssteuergesetzes 20.000,00 Euro. Bei der

---

[13] § 10 I 2 Satz 2 EStG

Zusammenveranlagung von Ehegatten ist der Betrag zu verdoppeln (§ 10 III 1 EStG).

Die vollständige Abziehbarkeit ist jedoch erst ab dem Jahr 2025 gegeben. Für den Zeitraum von 2005 bis 2024 ist eine Übergangsregelung zu berücksichtigen. In diesem Zeitraum steigt der abziehbare Anteil jährlich um 2 Prozentpunkte an. Dies bedeutet, dass beispielsweise im Jahr 2013 76% der Aufwendungen zur Altersvorsorge abziehbar sind.[14]

3.1.4 Vermeidung der doppelten Nicht-Besteuerung

Damit eine doppelte Begünstigung des Steuerpflichtigen vermieden werden kann, wird in die Berechnungsgrundlage auch der Arbeitgeberanteil zur Altersvorsorge mit einbezogen. Somit müssen sowohl Arbeitnehmer- als auch Arbeitgeberanteile zur gesetzlichen Rentenversicherung sowie die Zahlungen zur privaten Rentenversicherung berücksichtigt werden.[15]

Würde die Hinzurechnung bei der Berechnung der Fördergrenze nicht berücksichtigt werden, würde der jeweilige Steuerpflichtige eine höhere Steuerbegünstigung erhalten. Dieser

---

[14] Vgl. Steuertipps (ohne Angabe).

[15] § 3 Nr. 62 EStG

würde ihm für die privaten Einzahlungen zur Basisversorgung zur Verfügung stehen. Der Arbeitgeberanteil zur Rentenversicherung wird zunächst hinzugerechnet und nach der Multiplikation mit dem für den bis zum Jahr 2025 gültigen Faktor multipliziert und im Anschluss wieder abgezogen.[16]

Die Berechnung wird anhand des nachfolgenden Beispiels verdeutlicht. Die Berechnung bezieht sich auf einen Arbeitnehmer mit einem monatlichen Bruttolohn von 3.500,00 Euro. Es wird bei der Berechnung der aktuell gültige Beitrag zur gesetzlichen Rentenversicherung in Höhe von 18,9% zugrunde gelegt:

---

[16] Vgl. Wagner, G. (Hrsg.) (2005), S. 23.

Arbeitnehmeranteil zur Rentenversicherung	3.969,00 €
+ Arbeitgeberanteil zur Rentenversicherung	3.969,00 €
+ Basis-Rente	2.400,00 €
Zwischensumme	10.338,00 €
* Faktor (2013: 76%)	7.856,88 €
- Arbeitgeberanteil zur Rentenversicherung	- 3.969,00 €
= abzugsfähige Altersvorsorgeaufwendungen	3.887,88 €

Tabelle 1: Beispielrechnung zur Altersvorsorge[17]

---

[17] Eigene Berechnung

3.1.5 Vorsorgeaufwendungen

Neben den bereits erwähnten Aufwendungen zur Altersvorsorge gemäß des § 10 I 2 1 EStG besteht die Möglichkeit, weitere Vorsorgeaufwendungen steuermindernd als Sonderausgaben geltend zu machen. Gemäß § 10I 3 EStG sind dies die folgenden Aufwendungen:

- 1. „Beiträge zu Krankenversicherungen, soweit diese zur Erlangung eines durch das zwölfte Buch Sozialgesetzbuch bestimmten sozialhilfegleichen Versorgungsniveaus erforderlich sind und sofern auf die Leistungen ein Anspruch besteht.
  2. Für Beiträge zur gesetzlichen Krankenversicherung sind dies die nach dem Dritten Titel des Ersten Abschnitts des Achten Kapitels des fünften Buches Sozialgesetzbuch oder die nach dem sechsten Abschnitt des zweiten Gesetzes über die Krankenversicherung der Landwirte festgesetzten Beiträge. Für Beiträge zu einer privaten Krankenversicherung sind dies die Beitragsanteile, die auf Vertragsleistungen entfallen, die - mit Ausnahme der auf das Krankengeld entfallenden Beitragsanteile - in Art, Umfang und Höhe mit den Leistungen nach dem Dritten Kapitel des fünften Buches Sozialgesetzbuch vergleichbar

sind; § 12 Absatz 1d des Versicherungsaufsichtsgesetzes in der Fassung der Bekanntmachung vom 17. Dezember 1992 (BGBl. 1993 I S. 2), das zuletzt durch Artikel 4 und 6 Absatz 2 des Gesetzes vom 17. Oktober 2008 (BGBl. I S. 1982) geändert worden ist, gilt entsprechend.

4. Wenn sich aus den Krankenversicherungsbeiträgen nach Satz 2 ein Anspruch auf Krankengeld oder auf eine Leistung, die anstelle von Krankengeld gewährt wird, ergeben kann, ist der jeweilige Beitrag um 4 Prozent zu vermindern".

- Beiträge zu: „Gesetzlichen Pflegeversicherungen (soziale Pflege-und private Pflege-Pflichtversicherung)"

Im Gegensatz zu der Grenze für die Altersvorsorgeaufwendung existieren bei den sonstigen Vorsorgeaufwendungen zwei Höchstbeträge. Sofern ein Steuerpflichtiger, der allein veranlagt wird, die Aufwendungen für seine eigene Krankenversicherung eigenständig zu tragen, können die Beitragszahlungen zur Krankenversicherung bzw. die Übernahme der Krankheitskosten bis zu einer Höhe von 2.400,00 Euro steuermindernd geltend gemacht werden.[18]

---

[18] § 10 IV 1 EStG

Diese Möglichkeit bezieht sich hauptsächlich auf selbstständige Erwerbstätige. Wenn der Steuerpflichtige ohne Eigenbeitrag Anspruch auf die teilweise oder vollständige Erstattung bzw. die Übernahme von Krankheitskosten hat, beträgt der steuermindernde Höchstbeitrag gemäß § 10 IV 2 EStG 1.500,00 Euro. Zu dieser Kategorie zählen üblicherweise Beamte und Richter.

Beiträge, die aus steuerfreien Leistungen für Krankenversicherungen nach § 3 Nr. 62 EStG bzw. nach § 3 Nr. 14 EStG Aufgebracht werden, fallen ebenfalls unter die Beschränkung von 1.500,00 Euro. Zu dieser Personengruppe zählen insbesondere Rentner und Angestellte.[19]

Bei einer Zusammenveranlagung von Ehegatten wird der Höchstbetrag aus der Summe beider Ehegatten nach dem jeweiligen Verhältnis zustehendem Höchstbetrag ermittelt. Dies bedeutet, dass zunächst der individuelle Höchstbetrag beider Ehegatten ermittelt werden muss. Im Anschluss an die individuelle Ermittlung werden die Höchstbeträge zusammengerechnet.[20]

---

[19] Vgl. BMF-Schreiben vom 24.02.2005

[20] Vgl. Gunsenheimer, G. (2006), S. 174.

Hierbei können sich folgende Sachverhalte ergeben:

- Einzelveranlagung Ehepartner A 1.500,00 Euro
- Einzelveranlagung Ehepartner A 2.400,00 Euro
- Einzelveranlagung Ehepartner B 1.500,00 Euro
- Einzelveranlagung Ehepartner B 2.400,00 Euro
- Zusammenveranlagung: A 1.500,00 Euro + B 1.500,00 Euro = 3.000,00 Euro
- Zusammenveranlagung: A 2.400,00 Euro + B 1500,00 Euro = 3.900,00 Euro
- Zusammenveranlagung: A 1.500,00 Euro + B 2.400,00 Euro = 3.900,00 Euro
- Zusammenveranlagung: A 2.400,00 Euro + B 2.400,00 Euro = 4.800,00 Euro

Daher werden nachfolgend unter dem Begriff der Vorsorgeaufwendungen sowohl die sonstigen Vorsorgeaufwendungen als auch die Aufwendungen zur Altersvorsorge zusammengefasst.

In der Übergangszeit von der alten auf die neue Rechtslage ergab sich die Problematik, dass sich die Umstellung für einige Steuerpflichtige nachteilig auswirkte. Dies bedeutet, dass diese nach alter Rechtslage einen höheren Betrag an

Vorsorgeaufwendungen steuerlich geltend machen konnten, als nach der Umstellung auf die aktuelle Rechtslage.

Von dieser Problematik waren insbesondere selbstständig tätige betroffen. Diese konnten nach der alten Rechtslage ihre Zahlungen der Vorsorgeaufwendungen vollständig in ihrer Steuererklärung steuermindernd gelten machen.[21]

Ebenfalls ergab sich ein Nachteil für Arbeitnehmer mit geringem Einkommen von durchschnittlich 1.000,00 Euro bzw. bei zusammenveranlagten Steuerpflichtigen von durchschnittlich 2.000,00 Euro pro Monat. Diese konnten ebenfalls die vollständigen Beiträge zur Sozialversicherung als Sonderausgabe steuermindernd geltend machen, sofern die in § 10 III EStG festgelegten Höchstbeträge nicht überschritten wurden.

Damit dieser Nachteil für die Geringverdiener bzw. für die selbstständigen Steuerpflichtigen aufgehoben wird, wurde durch das Bundesministerium bis zum Jahre 2019 ebenfalls eine Günstigerprüfung angeordnet.[22]

Während dieser Übergangszeit prüft das Finanzamt, ob für die steuerpflichtigen die neue Regelung des Alterseinkünftegesetzes

---

[21] Vgl. Gunsenheimer, G. (2006), S. 175.

[22] Vgl. Hillmoth, B. (2005), S. 507.

oder die bis zum Jahre 2004 geltende, Gesetzeslage von Vorteil ist. Hierdurch soll gewährleistet werden, dass durch die Neuerungen des Alterseinkünftegesetzes kein Steuerpflichtiger benachteiligt wird. Dadurch wird ermöglicht, dass zumindest ein Betrag steuermindernd angesetzt werden kann, der mit dem Betrag der alten Rechtslage übereinstimmt. Nach der Durchführung der Günstigerprüfung wird automatisch durch das Finanzamt der Ansatz gewählt, der für den Steuerpflichtigen von Vorteil ist.[23]

Gemäß dem Alterseinkünftegesetz darf zwischen Einführung und dem Jahr 2010 kein Steuerpflichtiger schlechter- oder bessergestellt werden. Der sich durch die Günstigerprüfung bis zum Jahr 2019 ergebende Vorteil, auch als Vorwegabzug bezeichnet, wird jedoch in der Periode von 2010 bis 2019 schrittweise vermindert (§ 10 Iva EStG). Diese schrittweise Minderung ist in der nachfolgenden Tabelle deutlich zu erkennen:

[23] Vgl. Wagner, G. (Hrsg.) (2005), S. 22.

Kalender jahr	Vorwegabzug für den Steuerpflichtigen	Vorwegabzug im Fall der Zusammenveranlagung von Ehegatten
2013	2 100	4 200
2014	1 800	3 600
2015	1 500	3 000
2016	1 200	2 400
2017	900	1 800
2018	600	1 200
2019	300	600

Tabelle 2: Vorwegabzug (2013-2019)[24]

[24] § 10 Iva Einkommenssteuergesetz

Der Vorwegabzug kann als Ausgleich für die steuerpflichtigen, die keinen Arbeitgeberanteil erhalten, verstanden werden. Daher würden diese einen hohen Nachteil erleiden, da zur Einführung des Alterseinkünftegesetzes lediglich 60% der gezahlten Aufwendungen steuerlich mindernd angesetzt werden könnten.[25] Der Entfall der Günstigerprüfung ab dem Jahr 2020 kann damit begründet werden, dass zu dem Zeitpunkt bereits 90% der Aufwendungen zur Altersversorgung steuermindernd gelten gemacht werden kann. Somit wäre im Jahr 2020 im Normalfall das neue Recht für die steuerpflichtigen Personen von Vorteil.

Sofern der Steuerpflichtige keine Vorsorgeaufwendungen nachweist, kommt § 10c des Einkommenssteuergesetzes zur Anwendung. Dies bedeutet, dass durch das Finanzamt im Interesse des Steuerpflichtigen bei Einzelveranlagung 36,00 Euro bzw. bei Zusammenveranlagung 72,00 Euro als Pauschale angesetzt wird.

---

[25] Vgl. Gunsenheimer, G. (2006), S. 175.

3.2 Neuerungen in der Leistungsphase

Einer der zentralen Bestandteile des Alterseinkünftegesetzes ist die steuerliche Behandlung von Aufwendungen zur Altersvorsorge sowie die Behandlung der Altersbezüge. Während der alten Rechtslage bestand der grundlegende Unterschied darin, dass teilweise eine vorgelagerte und teilweise eine nachgelagerte Besteuerung vorgenommen wurde.

Dieser Unterschied bei der Besteuerung führte dazu, dass sich ein Verstoß gegen Artikel 3 des Grundgesetzes ergab. Dies bedeutet, dass gegen den Grundsatz der Gleichmäßigkeit der Besteuerung verstoßen wurde. Jedoch verlangt das deutsche Grundgesetz eine relative Gleichbehandlung aller steuerpflichtigen Personen. Damit eine Konformität mit dem deutschen Grundgesetz hergestellt werden konnte, wurde durch die Bundesregierung der Fokus auf eine nachgelagerte Besteuerung der Alterseinkünfte gelegt.

Zunächst wird im Rahmen dieser Arbeit auf die Aspekte der bis zum 31.12.2004 geltenden Regelung eingegangen. Das bis zum 31.12.2004 geltende Recht sah vor, dass nur der Ertragsteil der Rentenauszahlungen der gesetzlichen Rentenversicherung sowie der Auszahlung von Leibrenten als sonstige Einkünfte steuerlich erfasst wurden.[26]

Bei den Beamten wurde hingegen eine vollkommene, nachgelagerte Besteuerung vorgenommen. Dies bedeutete, dass die Pensionsbezüge zu 100% versteuert wurden. Hierbei existierten jedoch weitere Freibeträge, die die Altersbezüge minimierten.

Es wurde durch die Bundesregierung der Fokus auf eine nachgelagerte Besteuerung gelegt, da die Beamten während der so. Ansparphase im Gegensatz zu den Arbeitnehmern keine Beiträge zur Rentenversicherung geleistet haben. Daher hätte bei den Beamten mangels steuerpflichtigen Einkommens auch keine vorgelagerte Besteuerung erfolgen können.[27]

3.2.1 Besteuerung des Ertragsanteils

Basis für die Besteuerung des Ertragsanteils ist im § 22 des Einkommenssteuergesetzes vorzufinden. Dort wird der jeweilige Ertragsanteil in Relation zum Alter beim Renteneintritt gesetzlich

---

[26] § 22 I 3 EStG (alte Fassung)

[27] Vgl. Musil, A. (2005), S. 279.

geregelt. Der Begriff Ertragsanteil bezieht sich dabei auf den durch den steuerpflichtigen zu versteuernden Anteil.[28]

Die Anwendung der in § 22 des Einkommenssteuergesetzes verankerten Tabelle führt wiederum dazu, dass ein Steuerpflichtiger, der zum aktuell gültigen gesetzlichen Renteneintrittsalter in Rente geht, einen Ertragsanteil von 17% versteuern muss. Würde dieselbe steuerpflichtige Person bereits mit 60 in Rente gehen, wäre ein Ertragsanteil von 22% zu versteuern.[29]

Durch die Einführung des Alterseinkünftegesetzes wurden die in der Tabelle angegebenen Sätze des Ertragsanteils gemindert. Die konstante Anwendung des jeweilig gültigen Satzes wurde jedoch durch das Alterseinkünftegesetz nicht reformiert.[30] [31]

Da oftmals auch Einzahlungen in die Rentenversicherung aus bereits versteuertem Einkommen vorgenommen wurden, wird bei diesen Ansparleistungen ebenfalls nur der Ertragsanteil besteuert. Diese Besteuerung existierte bereits vor der Einführung des

---

[28] Vgl. Wagner, G. (Hrsg.) (2005), S.40.

[29] § 22 EStG

[30] Vgl. BMF-Schreiben vom 24.02.2005

[31] Vgl. Broer, M. (2004), S. 528.

Alterseinkünftegesetzes, jedoch lagen die Ertragsanteile zum Zeitpunkt der alten Rechtslage über den aktuell gültigen Sätzen der Ertragsanteile.[32]

Der Besteuerung des Ertragsanteils gemäß § 22 des Einkommenssteuergesetzes unterliegen die nachfolgenden Leistungen und Leibrenten:[33]

- Private Rentenversicherungen, sofern diese nicht die Voraussetzungen des § 10 EStG erfüllen.
- Umlagefinanzierte Zusatzversorgungseinrichtungen z. B. VBL[34]
- Private Rentenversicherungen gemäß § 10 EStG, deren Laufzeit vor dem 01.01.2005 begonnen hat und deren Versicherungsbeitrag zum 31.12.2004 entrichtet wurde.
- Zeitlich befristete Leibrenten, die nicht den Vorschriften des § 22 EStG entsprechen.

---

[32] Vgl. Preißer, M., Sieben, S. (Hrsg.) (2005), S. 39.

[33] Vgl. BMF-Schreiben vom 24.02.2005 BStBl 2005 I, S. 429 Rz. 98

[34] Vgl. Versorgungsanstalt des Bundes und der Länder

3.2.2 Die Öffnungsklausel

Hierbei kann die sog. Öffnungsklausel zur Anwendung kommen. Diese Öffnungsklausel wird in außergewöhnlichen Fällen eingesetzt, damit eine Doppelbesteuerung vermieden werden kann.[35]

„Für die Anwendung der Öffnungsklausel nach § 22 Nr. 1 Satz 3 a) bb) Satz 2 EStG ist erforderlich, dass der Steuerpflichtige

- bis zum 31.12.2004
- über einen Zeitraum von mindestens 10 Jahren
- Beiträge oberhalb des Höchstbeitrags zur gesetzlichen Rentenversicherung

gezahlt hat. Weist der Steuerpflichtige diese Voraussetzungen nach, wird die Rente, soweit sie auf Beiträgen oberhalb des Höchstbeitrags zur gesetzlichen Rentenversicherung beruht, mit dem günstigeren Ertragsanteil besteuert“.[36]

Dies sollte ermöglichen, dass der Steuerpflichtige von der nachgelagerten Besteuerung des Ertragsanteils befreit wird. Die

---

[35] § 22 ESt

[36] SIS Verlag (ohne Angabe).

Einführung der Öffnungsklausel beruhte wiederum darauf, dass die Leistungen der Basisversorgung während der Überteilung zur nachgelagerten Besteuerung bei allen Rentnern oder Erwerbstätigen gleich besteuert werden, obwohl die Behandlung der Beitragszahlungen von Arbeitnehmern und Selbstständigen zuvor unterschiedlich geregelt wurden.[37]

Eine Benachteiligung von Selbstständigen ist auch dadurch gegeben, dass diese die Beiträge zur gesetzlichen Rentenversicherung oder zu berufsständischen Versorgungswerken vollständig alleine aufbringen müssen. Im Gegensatz dazu erhalten Arbeitnehmer einen steuerfreien Arbeitgeberanteil.[38]

Im Weitern kommt es häufig vor, dass Selbstständige freiwillig Beiträge zahlen, die oberhalb der Beitragsbemessungsgrenze liegen. Nach der alten Rechtslage war es Selbstständigen möglich, die gezahlten Beiträge als Sonderausgaben anzusetzen. Jedoch tauchte dabei die Problematik auf, dass der Vorwegabzug, der die Problematik

---

[37] Vgl. Niermann, W., Vgl. Risthaus, A. (2005), S. 25.

[38] § 3 Nr. 62 EStG

umgehen sollte, durch die Kürzung bei einer Zusammenveranlagung aufgebraucht wurde.

Dies führte zu einer Benachteiligung der selbstständig tätigen Personen. Dieser Benachteiligung wird durch die Öffnung der Besteuerung des Ertragsanteils entgegengewirkt.[39]

Fraglich ist, ob die Behandlung von Selbstständigen, die am Stichtag die Frist von 10 Jahren noch nicht erreicht haben, dem Grundsatz der Gleichbehandlung wiederspricht. Diese Schlussfolgerung könnte sich daraus ergeben, dass die Selbstständigen, die diese Grenze nicht erreicht hatten, keinerlei Vergünstigungen in Anspruch nehmen konnten. Die Prüfung der Rechtmäßigkeit kann jedoch nicht im Rahmen dieser Arbeit durchgeführt, sondern muss von Berufsrichtern entschieden werden.[40]

Sofern der selbstständige Steuerpflichtige die 10-Jahres-Frist erfüllt, konnte dieser einen Antrag bei seinem zuständigen Finanzamt stellen. Dieser Antrag war im Rahmen der Einkommenssteuererklärung zu übermitteln. Zu beachten ist, dass dieser Antrag jedoch erst mit Beginn des Rentenbezuges

---

[39] Vgl. Wagner, G. (Hrsg.) (2005), S. 49, S. 62f.

[40] Vgl. Niermann, W., Vgl. Risthaus, A. (2005), S. 26.

beantragt werden kann, da erst dann eine Besteuerung des Ertragsanteils möglich ist.

Bei der Beantragung muss durch den Steuerpflichtigen nachgewiesen werden, dass dieser vor dem Stichtag am 31. Dezember 2004 mindestens 10 Jahre Beiträge geleistet hat, die über dem Höchstbetrag lagen. Dieser Nachweis kann beispielsweise durch eine Bescheinigung des jeweiligen Versorgungsträgers erfolgen.[41] Sofern jedoch kein Antrag erfolgt, unterliegen die Rentenbezüge vollständig der nachgelagerten Besteuerung, die sich durch die Einführung des Alterseinkünftegesetzes ergibt.

3.2.3 Der Wechsel zur nachgelagerten Besteuerung

Nachfolgend wird detailliert auf das neue System der nachgelagerten Besteuerung eingegangen. Grundlage für den Wechsel auf das neue System der Besteuerung war das Prinzip der nachgelagerten Besteuerung, das sich durch die Einführung des Alterseinkünftegesetzes ergab. Dies bezog sich ebenfalls auf die sog. Basisversorgung.

---

[41] Vgl. BMF-Schreiben vom 24.02.2005, BStBl 2005 I, S. 429, Rz. 126

Somit ergab sich ein deutlich erweiterter Anwendungsbereich der Gesetzeslage. Diese bezog sich zuvor nur auf die Beamtenpensionen. Die neue Regelung erweiterten den Einzugsbereich des Gesetzes sowohl auf die gesetzliche als auf die Basisrente. Zu der Basisrente zählt u. a. die sog. Riester-Rente.

Entscheidend bei der Besteuerung der Alterseinkünfte ist wiederum das Verbot der Doppelbesteuerung der Einkommen. Diese Doppelbesteuerung kann daraus resultieren, dass diese bereits der Versteuerung durch die Einkommenssteuer unterlegen haben. Daher ergibt sich die Schlussfolgerung, dass diese nicht erneut während der Auszahlung der Rente besteuert werden dürfen.

Durch die Systematik der nachgelagerten Besteuerung der Alterseinkünfte wurde ein System eingeführt, das dazu führt, dass die Belastung während der Einzahlungsphase durch den schrittweisen Anstieg des Freistellungsbetrages auf die Auszahlungsphase verschoben wurde. Somit ergibt sich während der Einzahlungsphase eine geringere Besteuerung, in der Auszahlungsphase hingegen eine erhöhte Besteuerung.

Durch die Einführung des Alterseinkünftegesetzes und die damit verbundene nachgelagerte Besteuerung der Alterseinkünfte wurde die Belastung im Rahmen der Einkommenssteuer schrittweise durch die Freistellung der Versorgungsaufwendung gemindert. Die Belastung wurde wiederum auf die Auszahlungsphase übertragen.

Somit ergibt sich die Schlussfolgerung, dass Altersvorsorgeverträge, die einen Sonderausgabenabzug erlauben, im Rahmen der nachgelagerten Besteuerung bei der Einkommenssteuer veranlagt werden können.[42] Dies beruht auf dem sog. Korrespondenzprinzip und der damit verbundenen intertemporalen Korrespondenz. Dass das Prinzip der intertemporalen Korrespondenz auch im Zusammenhang mit internationalen Rentenzahlungen zu beachten ist, bestätigt der Bundesfinanzhof in seinem Urteil vom 14.07.2010.[43]

„Bei rein innerstaatlichen Sachverhalten korrespondiert die Besteuerung der Alterseinkünfte mit der Besteuerung der Beiträge während der Ansparphase, der sog. intertemporalen Korrespondenz. Die intertemporale Korrespondenz gewährleistet, dass Alterseinkünfte entweder vor- oder nachgelagert besteuert werden. Grenzüberschreitende Sachverhalte gehen dagegen

---

[42] Vgl. Campen, K., Miles, A. (Hrsg.) (2005), S. 40.

[43] Vgl. BFH Urteil vom 14.07.2010 – X R 37/08

oftmals mit Störungen der intertemporalen Korrespondenz einher. Daraus kann sich Doppelbesteuerung ergeben, wenn sowohl Beiträge als auch Alterseinkünfte besteuert werden. Alterseinkünfte können aber gänzlich unbesteuert bleiben, wenn weder die Beiträge noch die Zahlungen im Ruhestand besteuert werden".[44]

Somit bedeutet das intertemporale Korrespondenzprinzip, dass das Einkommen, das ein Steuerpflichtiger bereits einmal, unabhängig vom Standort, versteuert hat, grundsätzlich nur einmal besteuert werden darf, aber auch einmal besteuert werden muss. Dies soll dazu führen, dass weder eine Doppelbesteuerung noch eine Doppel-nicht-Besteuerung auftritt.[45]

Die Systematik der nachgelagerten Besteuerung baut auf den nachfolgend erläuterten Grundlagen auf. Die Umstellung vom alten auf das neue System der nachgelagerten Besteuerung begann zum Zeitpunkt des Jahreswechsels vom 31.12.2004 auf den 01.01.2005. Jedoch fand zu dem genannten Zeitpunkt keine direkte Umstellung statt. Stattdessen wurde eine Übergangszeit von 35 Jahren festgelegt.

---

[44] Vgl. Deloitte (2012).

[45] Vgl. Musil, A. (2005), S. 279.

Während dieser Übergangsphase erfolgt eine schrittweise Anhebung des Sonderausgabenabzugs der Altersvorsorgebeiträge. Auf der anderen Seite kommt es auch zu einer schrittweisen Anhebung des zu versteuernden Anteils der Auszahlung aus der Altersvorsorge, bis eine vollkommende Versteuerung des Ausgleichs aus der Altersvorsorge erfolgt.

Die vollständige Besteuerung der Altersbezüge ist zugleich die sog. nachgelagerte Besteuerung der Rentenzahlungen. Die Besteuerung wurde 2006 mit 52% angesetzt. Es erfolgt eine Steigerung um jährlich 2% bis zum Jahr 2020 und von 2021 bis zum Jahre 2040 um jeweils ein Prozent, sodass sich 2040 eine vollständige, nachgelagerte Besteuerung ergibt.[46]

Dem liegt das sog. Kohorten-Prinzip zugrunde. Dies bedeutet, dass sich das Gesetz nicht auf die schrittweise Übertragung einzelner Rentner bezieht, sondern auf die jeweiligen Jahrgänge der Rentner. Im Weiteren werden auch mit dem Alter verbundene steuerliche Vergünstigungen wie der Altersentlastungsbetrag nach § 24a des Einkommenssteuergesetzes durch das Kohorten-Prinzip herabgesetzt.

---

[46] Vgl. Kirchhof, P. (2006) , § 22 EStG Rz 27.

Hinweis: Bei dem Altersentlastungsbetrag, der im Jahre 1975 im § 24a des Einkommenssteuergesetzes verankert wurde, handelte es sich um einen Ausgleichbetrag für Bezieher von Alterseinkünften. Dieser wurde von der Gesamtsumme der Einkünfte (§ 2 III EStG) abgezogen.

Seit Einführung des Alterseinkünftegesetzes wird der Altersentlastungsbetrag im gleichen Verhältnis, in dem der Besteuerungsanteil ansteigt, abgebaut. Im Jahre der Umstellung des Alterseinkünftegesetzes betrug der Altersentlastungsbetrag 38,4% der Einkünfte, maximal jedoch 1.824,00 Euro.[47]

Damit der Altersentlastungsbetrag gewährt werden kann, ist es notwendig, dass dieser vor Beginn des Veranlagungszeitraums, in dem er das erste Mal Alterseinkünfte erhalten hatte, das 64. Lebensjahr vollendet hatte. Im Weiteren besteht die Voraussetzung, dass der Steuerpflichtige weitere Einkünfte nach § 19 II EStG, Einkünfte gemäß § 22 IV 4 b EStG oder Leibrenten nach § 22 I 3 a EStG bezogen hat.[48]

Beim Altersentlastungsbetrag kommt ebenfalls das Kohorten-Prinzip zum Einsatz. Dadurch wird für jeden Jahrgang der

---

[47] § 24a EStG n. F. Tabelle

[48] Vgl. Bornhofen, M. (Hrsg.) (2002), S. 292f.

Altersentlastungsbetrag einmalig festgelegt und gilt für die gesamte Dauer des Bezugs von Altersbezügen. Somit erhält jeder Rentner über die gesamte Lebenszeit den gleichen Altersentlastungsbetrag bzw. den jeweils gültigen Prozentsatz.

Der nicht zu versteuernde Teil der Rente berechnet sich aus der Differenz zwischen dem Jahresbeitrag der Rente und dem zu versteuernden Rententeil. Bei einem Renteneintritt im Jahre 2006 sind 48% der Rentenzahlungen steuerfrei bzw. 52% der Rentenzahlungen steuerpflichtig. Dieser Prozentsatz wird für jeden Jahrgang der Rentner festgeschrieben und bleibt über die gesamte Lebenszeit gültig.[49]

Es muss bei der Ermittlung des steuerfreien Anteils beachtet werden, dass die Festschreibung erst ab dem Jahr erfolgt, das auf das Jahr des Bezugs der Altersversorgung folgt. „Dieser gilt ab dem Jahr, das dem Jahr des Rentenbeginns folgt, für die gesamte Laufzeit des Rentenbezugs“.[50] Somit gilt beispielsweise sowohl für einen Renteneintritt im Januar 2006 als auch für den Renteneintritt im Dezember 2006 der Prozentsatz des Jahres 2007.

---

[49] Vgl. Kirchhof, P. (2006) , § 22 EStG Rz 27.

[50] § 22 I 3 a Doppelbuchstabe aa Satz 5 EStG

„Regelmäßige Anpassungen des Jahresbetrags der Rente führen nicht zu einer Neuberechnung und bleiben bei einer Neuberechnung außer Betracht“.[51] Somit führt eine Erhöhung der Rentenzahlung gleichzeitig zu einer Erhöhung des zu versteuernden Einkommens.

Erfolgt die Anpassung der Rente jedoch beispielsweise auf der Basis einer Einkommensanrechnung bei der Hinterbliebenenrente, muss der steuerfreie Anteil neu ermittelt werden.[52] Die Ermittlung bezieht sich auf die veränderte Bemessungsgrundlage unter Anwendung des maßgeblichen Prozentsatzes.[53]

Hierbei sollte darauf hingewiesen werden, dass die Steuerpflicht nicht mit der Steuerabführung gleichzusetzen ist. Es erfolgt nur eine Besteuerung, des Betrages, der das existenzsichernde Minimum, der sich aus dem Grundfreibetrag nach § 32a I 1 EStG ergibt. Der Grundfreibetrag beträgt zum

---

[51] § 22 I 3 a Doppelbuchstabe aa Satz 7 EStG

[52] Vgl. Kirchhof, P. (2006) , § 22 EStG Rd. 27b.

[53] Vgl. BMF-Schreiben vom 24.02.2005, BStBl 2005 I, S. 429, Rz. 115

aktuellen Stand 8.130,00 Euro.[54] Bei Zusammenveranlagung verdoppelt sich dieser Betrag auf 16.260,00 Euro.

Nach Ablauf der Übergangszeit ergibt sich eine vollkommene, steuerliche Gleichbehandlung von Beamtenpensionen und den Bezügen aus der Rentenversicherung von Arbeitnehmern und Selbstständigen. Somit wurden durch die Einführung des Alterseinkünftegesetzes die Vorgaben des Bundesverfassungsgerichts zur Besteuerung der Alterseinkünfte erfüllt.

3.2.4 Der Anwendungsbereich des Alterseinkünftegesetz

Nachfolgend wird näher auf den Anwendungsbereich, über den sich das Gesetz erstreckt, eingegangen. Gemäß „22 I 3 a Doppelbuchstabe aa des Einkommenssteuergesetzes bezieht sich die Anwendung auf die gesetzlichen Altersrenten, Zahlungen aus berufsständischen Versorgungswerken und landwirtschaftlichen Alterskassen sowie auf die Rentenzahlungen aus Verträgen zur Basisrente.[55]

---

[54] § 32a I 1 EStG.

[55] Vgl. Campen, K., Miles, A. (Hrsg.) (2005), S. 40.

Für die Beamten-sowie Werkpensionen, die ebenfalls von der Einführung des Alterseinkünftegesetzes betroffen sind, ergaben sich hingegen kaum Auswirkungen. Dies beruht darauf, dass diese Bezüge bereits durch das Einkommenssteuergesetz (§ 19 I 1 Nr. 2 EStG a.F.) der nachgelagerten Besteuerung unterlagen.[56]

Durch das Urteil des Bundesverfassungsgerichts vom 6. März 2002 wurde es letztendlich notwendig, dass die Regelungen der Pensionen angepasst werden. Hiervon war auch der sog. Werbungskosten Pauschalbetrag[57] sowie der Versorgungsfreibetrag betroffen.[58]

Nach alter Rechtslage (§ 9a S. 1 Nr. 1 EStG a. F) erhielten Bezieher von Beträgen aus der Altersvorsorge einen Pauschalbetrag in Höhe von 920,00 Euro. Diese Pauschale sollte eine steuerliche Diskriminierung von Pensionären im Vergleich zu den Beziehern von Leistungen aus der gesetzlichen Rentenversicherung vermieden werden.

Diese Grundlage, deren Fortbestand bereits zuvor diskutiert wurde, ist insbesondere seit der Einführung des

---

[56] Vgl. Heuermann, B. (2006), S. 690.

[57] § 9a EStG

[58] § 19a EStG

Alterseinkünftegesetzes weggefallen, da der sog. Erwerbsaufwand von Arbeitnehmern nicht mit dem Erwerbsaufwand eines Beziehers von Vorsorgeleistungen vergleichbar ist. Daher wurde der Arbeitnehmer Pauschalbetrag durch die Einführung des Alterseinkünftegesetzes vollständig abgeschafft. Stattdessen wurde der Einzugsbereich des Werbungskostenpauschalbetrages, der bisher nur für Rentner galt, auf die Pensionäre erweitert. Dieser Pauschalbetrag beträgt für beide Gruppen 102,00 Euro.[59]

Als Nachteil der nachgelagerten Besteuerung der Beamten im Vergleich zu der Besteuerung der Rentner, bei denen nur der Ertragsanteil einer Besteuerung unterlag, war in der alten Fassung des Einkommenssteuergesetzes ein sog. Versorgungsbeitrag verankert.[60] Diese Form der Steuervergünstigung bleibt nach der Einführung des Alterseinkünftegesetzes weiterhin erhalten.

Ab 2006 wird der Versorgungsfreibetrag von 2.880,00 Euro schrittweise reduziert und letztendlich 2040 abgeschafft. Die Reduzierung erfolgt in den gleichen Schritten, in denen der Besteuerungsanteil der Rentenzahlungen ansteigt. Die Anpassung

---

[59] § 9a I b EStG i. v. m. § 19 II EStG

[60] § 19 II 1 EStG

ist mit der Abstimmung des Altersentlastungsbetrages vergleichbar.

Bis zum Jahr 2020 sinkt dieser Betrag um 1,6% in den darauf folgenden Jahren jeweils um 0,8%. Zeitgleich erfolgt auch eine Reduktion des jeweils gültigen Höchstbetrages um jeweils 120,00 Euro bis 2020 und in den darauf folgenden Jahren um jeweils 60,00 Euro.[61]

Durch das Alterseinkünftegesetz wurde für den Zeitraum bis 2040 ein Zuschlag zum Versorgungsfreibetrag eingeführt. Dieser soll als Kompensation des abgeschafften Arbeitnehmer Pauschalbetrages dienen, verringert sich jedoch ebenfalls schrittweise bis 2040.[62]

Sowohl der Zuschlag zum Versorgungsbeitrag sowie der Versorgungsbeitrag werden nach dem Kohorten-Prinzip für die jeweiligen Jahrgänge der Pensionäre festgeschrieben. Somit wird die Höhe bei Renteneintritt festgeschrieben und behält während des gesamten Bezugszeitraums seine Gültigkeit.

Üblicherweise erfolgt keine Neuberechnung des Versorgungsbeitrages bzw. des Zuschlages. Diese wird dann

---

[61] § 19 II 3 EStG

[62] § 19 II 3 EStG

durchgeführt, wenn sich eine Änderung des Versorgungsbezugs durch neue Regelungen vermindert bzw. erhöht.[63]

Eine Möglichkeit, einen zusätzlichen Anspruch auf Rentenzahlungen zu erhalten ist die sog. Riester-Rente. Zu dieser Zusatzversorgung gehört im Weiteren auch die betriebliche Altersversorgung (bAV). Hierbei wird jedoch zunächst nur auf die Riester-Rente als zusätzliche Altersversorgung eingegangen.

3.2.5 Riester-Renten-Verträge

Rentenzahlungen, die aus Riester-Verträgen resultieren, sind den sonstigen Einkünften zuzuordnen.[64] Bezüge aus Riester-Verträgen wurden bereits seit der Einführung und somit vor Einführung des Alterseinkünftegesetzes nachgelagert besteuert.[65] Somit erfolgt sowohl eine Steuerbefreiung der Erträge als auch der erzielten Wertsteigerung während der Ansparphase.[66]

---

[63] § 19 II 10 EStG

[64] § 22 V EStG

[65] § 22 V EStG

[66] Vgl. Preißer, M., Sieben, S. (Hrsg.) (2005), S. 69.

Die Besteuerungsgrundlage ist wiederum von verschiedenen Faktoren abhängig. Insbesondere der Aspekt der Förderung der Beiträge zur Riester-Rente ist ausschlaggebend.

Daraus ergeben sich drei Kombinationen:[67]

- Vollständige Förderung
- Teilweise Förderung
- Keine Förderung

Sofern es sich um vollständig geförderte Beiträge zur Altersvorsorge handelt, sind die Auszahlungen vollständig zu versteuern.[68] Bei teilweise geförderten Beiträgen zur Altersversorgung ist eine Aufteilung notwendig. Auszahlungen, die auf geförderten Beiträgen zur Altersvorsorge beruhen, sind wiederum zu versteuern. Zahlungen, die auf nicht geförderten Beiträgen zur Altersversorgung beruhen, müssen in Kapital- und Rentenauszahlungen unterteilt werden. Der Anteil, der als Kapitaleinkünfte klassifiziert wird, unterliegt der Besteuerung

[67] § 10a EStG

[68] § 22 V S. 1 EStG

nach § 20 EStG. Sonstige Einkünfte unterliegen hingegen der Besteuerung nach § 23 EStG.[69]

Es erfolgt eine weitere Unterteilung der Besteuerung von Rentenzahlungen, die auf nicht geförderten Beiträgen beruhen. Beiträge, die als Kapitalauszahlung eingestuft werden, dürfen nur dann besteuert werden, wenn diese gemäß den gesetzlichen Regelungen als Kapitalerträge eingestuft und besteuert werden würden.

Dadurch ist es wiederum notwendig zu prüfen, ob der jeweilige Riester-Renten-Vertrag vor oder nach dem 1. Januar 2005 abgeschlossen wurde. Bei alten Verträgen vor dem Stichtag ist zu prüfen, ob die Auszahlung nach einer Periode von 12 Jahren erfolgt und die in § 10 I 2 b der alten Fassung des Einkommenssteuergesetzes festgelegten Anforderungen erfüllen. Sofern diese Konditionen erfüllt werden, sieht § 52 XXXVI EStG vor, dass die Kapitalauszahlungen von der Besteuerung freigestellt werden.

Bei Riester-Renten-Verträgen, die ab dem 1. Januar 2005 abgeschlossen werden, ist zunächst zu überprüfen, ob die Voraussetzungen des §2 20 I 6 EStG erfüllt werden. Sofern die

---

[69] Vgl. Preißer, M., Sieben, S. (Hrsg.) (2005), S. 70.

Auszahlung nach der Vollendung des 60. Lebensjahrs sowie nach einer Periode von 12 Jahren erfolgt, mindert sich die Besteuerungsgrundlage auf 50% des Unterschiedsbetrags. Dieser berechnet sich aus der Differenz der Versicherungsleistung und der Einzahlungen des Steuerpflichtigen.[70]

---

[70] Vgl. BMF-Schreiben vom 03.11.2005

4 Probleme und Folgen des Systemwechsels

4.1 Steuerwirkungen

Der Begriff der Steuerwirkungen bedeutet, dass Veränderungen im Steuerrecht Auswirkungen auf andere, volkswirtschaftliche Messgrößen haben. „Steuerwirkungen umfassen Steuerausweichreaktionen in der Ankündigungs- oder Wahrnehmungsphase (Signalwirkungen), Überwälzungsprozesse bei der Steuerauferlegung in der Markt- oder Zahlungsphase sowie Anreizwirkungen in der Inzidenzphase (Inzidenz) beim Steuerträger“.[71]

Durch die Einführung des Alterseinkünftegesetzes ergeben sich ebenfalls Auswirkungen auf die Steuereinnahmen in der Bundesrepublik Deutschland. Durch die zunehmende Freistellung von der Steuer, wird das Steueraufkommen während der Erwerbsphase gemindert.

Dadurch, dass ein Wechsel zur nachgelagerten Besteuerung erfolgt, werden die Steuereinnahmen während der Rentenphase deutlich erhöht. Somit erfolgt eine Verlagerung der Steuereinnahmen in die Zukunft. Eine genaue Aussage über den Einfluss auf die Steuereinnahmen kann grundsätzlich nicht

---

[71] Vgl. Springer Gabler Verlag (Herausgeber) Stichwort: Steuerwirkungen

getroffen werden. Es kann lediglich versucht werden, durch die demografische Entwicklung einen Trend bei den Steuereinnahmen abzubilden.

4.2 Mögliche Doppelbesteuerung durch den Systemwechsel

Die Umstellung der alten Systematik auf das neue System der nachgelagerten Besteuerung wurde in den vergangenen Jahren häufig kritisiert bzw. diskutiert. Im Fokus der Kritik lag sowohl die Beschränkung des Abzugs von Beiträgen zur Altersvorsorge als auch die Methode der nachgelagerten Besteuerung.

Daher existieren zu der Thematik des Alterseinkünftegesetzes bereits anhängige sowie abgeschlossene Gerichtsverfahren. Beispielsweise musste sich der Bundesfinanzhof im Verfahren X B 166/05[72], X B 242/12[73] und VI R 83/10[74] mit der Verfassungsmäßigkeit des Alterseinkünftegesetzes befassen.

Da im Rahmen dieser wissenschaftlichen Arbeit jedoch nicht die Gesamtheit der Urteile zum Alterseinkünftegesetz betrachtet

---

[72] Vgl. BFH (2006).

[73] Vgl. BFH (2013b).

[74] Vgl. BFH (2013a).

werden kann, wird der Fokus auf Auswahl der Entscheidungen des Bundesfinanzhofs zum Alterseinkünftegesetz gelegt.

Ein grundlegendes Problem, dass bei der Analyse der Literatur zum Alterseinkünftegesetz auftaucht, ist die Doppelbesteuerung von Ein- und Auszahlungen. Hierbei tritt wiederum die Problematik auf, dass das Bundesverfassungsgericht keine einheitlichen Standards aufgestellt hat, wann eine Doppelbesteuerung vorliegen könnte.[75]

Sofern eine steuerpflichtige Person im Jahre 2040 in Rente geht, erfolgt eine vollständige, nachgelagerte Besteuerung der Alterseinkünfte. Jedoch erhält dieser erst ab 2025 die Möglichkeit, die Beiträge zur Rentenversicherung vollständig steuermindernd gelten zu machen. Somit würde sich in der Periode zwischen der Einführung des Alterseinkünftegesetzes und dem Jahr 2025 eine teilweise Versteuerung der Einzahlungen ergeben. Dies würde wiederum zu einer Doppelbesteuerung führen, da die steuerpflichtigen Einzahlungen bei der Auszahlung ebenfalls der Besteuerung unterliegen.[76]

---

[75] Vgl. Intemann, J., Cöster, T. (2005), S. 1921.

[76] Vgl. Brall, N., Bruno-Latocha, G., Lohmann, A. (2004), S. 429.

Ein weiterer Kritikpunkt ist, dass sich aus der nachgelagerten Besteuerung ein sog. Nettoeffekt ergeben würde. Dies bedeutet, dass der Steuervorteil, der sich in der Ansparphase ergibt, niedriger ausfällt als die Steuerbelastung während der Zeit des Rentenbezuges.

Würde beispielsweise ein Steuerpflichtiger während seiner Erwerbstätigkeit den vollständigen Steuervorteil in eine zusätzliche Altersvorsorge investieren, könnte sich dieser durch die Einzahlungen bis zum Zeitpunkt des Renteneintritts einen zusätzlichen Kapitalstock aufbauen, dieser könnte wiederum in Form einer lebenslangen Rente ausgezahlt werden.

In der Literatur wird diesbezüglich darauf hingewiesen, dass sich für die Steuerpflichtigen durch die nachgelagerte Besteuerung erst ab einem Renteneintritt im Jahre 2030 oder später eine Entlastung durch den Übergang auf das neue System ergeben würde. Dies hängt jedoch wiederum vom jeweiligen Einkommen ab. Bei einem steuerpflichtigen mit einem Einkommen von beispielsweise 5.000,00 Euro im Monat, der im Jahre 1958 geboren wurde und somit vor dem Jahr 2030 die Rente bezieht, erfolgt eine teilweise doppelte Versteuerung des

Einkommens, da der zu versteuernde Anteil der Rente über dem steuerfreien Anteil liegt.[77]

Die Rürup-Kommission weist wiederum darauf hin, dass diese Doppelbelastung nur in wenigen Ausnahmefällen stattfindet. Jedoch zählen beispielsweise zu der Gruppe von Personen, die im Jahre 1958 geboren wurden, eine hohe Anzahl von Personen mit einem Einkommen von monatlich 5.000,00 Euro oder mehr, da diese aufgrund ihrer Ausbildung und Erfahrungen Führungspositionen in Unternehmen ausführen. Somit ergibt sich die Schlussfolgerung, dass die betroffene Personengruppe größer ist, als die von der Rürup-Kommission angenommene Gruppe.

Die Personen, die im Jahre 1958 geboren wurden, treten um das Jahr 2025 in den Ruhestand. Somit ist deren Rentenbezug mit einem Anteil von 85% zu versteuern. Dies führt wiederum zu einem Nachteil, da der größte Teil der Aufwendungen zur Altersvorsorge aus bereits versteuertem Einkommen getragen wurde.[78]

---

[77] Vgl. Schnabel, R. (Hrsg.) (2004), S. 14.

[78] Ebd., S. 15.

Für die Berechnung einer eventuell auftretenden Doppelbesteuerung sind in der Literatur unterschiedliche Methoden vorzufinden. Da diese Methoden wiederum von unterschiedlichen Daten ausgehen, ergeben sich im Weiteren unterschiedliche Ergebnisse und somit Unterschiede in der Höhe der Doppelbesteuerung.

Bei der Anwendung der Berechnungsmethode, die durch den Verband der deutschen Rentenversicherungsträger entwickelt wurde, ergibt sich ein erheblicher steuerlicher Nachteil aufgrund der Übergangsregelung des Alterseinkünftegesetzes. Dieser Nachteil wird hingegen auf die Berechnungsmethode, die durch das Bundesministerium für Finanzen entwickelt wurde, angewandt, So ergibt sich das Ergebnis, dass nur eine marginale Doppelbesteuerung durch die Übergangsregelung des Alterseinkünftegesetzes auftritt.[79]

Somit ergibt sich wiederum ein deutlicher Nachteil für die steuerpflichtigen Personen bei der Betrachtung des Modells des Verbandes der deutschen Rentenversicherungsträger. Hingegen ergibt sich bei der Berechnung des Nachteiles unter Berücksichtigung des Modells der Rürup-Kommission nur ein

---

[79] Vgl. Musil, A. (2005), S. 282.

geringer Nachteil. Dabei wird die Doppelbesteuerung durch die Rürup-Kommission wie folgt definiert: „Zweifachbesteuerung liegt vor, wenn der steuerfreie Rentenzufluss geringer ist als die aus versteuertem Einkommen geleisteten Rentenbeiträge“.[80]

Dieser Unterschied resultiert wiederum daraus, dass die Konzepte unterschiedliche Bestandteile bei der Berechnung des steuerfreien Anteils der Rentenzahlungen berücksichtigen. Der Verband der deutschen Rentenversicherungsträger berücksichtigt dabei weder den Abzug von Sonderausgaben für die Vorsorgeaufwendungen noch den zustehenden Grundfreibetrag.

Dies wird durch den Verband der deutschen Rentenversicherungsträger damit begründet, dass der Grundfreibetrag dazu dient, die Existenz des Steuerzahlers sicherzustellen und nicht die Rückflüsse von bereits versteuerten Beiträgen zu ermöglichen. Das Konzept des Verbandes der deutschen Rentenversicherungsträger weist wiederum darauf hin, dass nur Zuflüsse und keine Rückflüsse Einkünfte darstellen und somit nur diese besteuert werden können.[81]

---

[80] Bundestags-Drucksache 15/2150, S. 40.

[81] Vgl. Brall, N., Bruno-Latocha, G., Lohmann, A. (2004), S. 430.

Im Weiteren kann der Steuerpflichtige nur dann eine steuerliche Leistung erbringen, wenn dieser ein Einkommen bzw. eine Rentenleistung bezieht, die über dem Existenzminimum liegt. Auch der Sonderausgabenabzug wird im Modell des Verbandes der deutschen Rentenversicherungsträger nicht berücksichtigt, da dieser Freibetrag für alle Steuerpflichtigen gilt.

Im Gegensatz zum Ansatz des Verbandes der deutschen Rentenversicherungsträger bezieht der Ansatz der Rürup-Kommission weitere Faktoren mit ein. Bei dem Ansatz der Rürup-Kommission wird die Möglichkeit des Sonderausgabenabzugs mit einbezogen. Der Grundfreibetrag wird jedoch ebenfalls bei der Berechnung nicht berücksichtigt.

Im Ansatz der Bundesregierung werden sowohl der Abzug der Sonderausgaben als auch der Grundfreibetrag mit einbezogen.[82] Da somit die allgemeinen Grundlagen zur Steuererleichterung durch die Bundesregierung mit einbezogen werden und zeitgleich als steuerfreier Zufluss gelten, ergibt sich wiederum für die Bundesregierung die Schlussfolgerung, dass nur eine marginale Doppelbesteuerung stattfindet.[83]

---

[82] Vgl. Musil, A. (2005), S. 282.

[83] Vgl. Brall, N., Bruno-Latocha, G., Lohmann, A. (2004), S. 430.

Grundsätzlich gibt es für die Berechnung der Besteuerungsgrundlage keine Masterlösung. Musil weist beispielsweise in diesem Zusammenhang darauf hin, dass es rechtlich nicht vertretbar ist, den Grundfreibetrag in die Berechnungsgrundlage mit einzubeziehen, da diese die in der Verfassung festgelegte Sicherung der Existenz darstellt und somit absolut nicht steuerbar ist, auch wenn dieser zu einer Tarifbelastung im steuerrechtlichen Sinne führt.[84]

Der Verband der deutschen Rentenversicherungsträger unterstützt diese Auffassung ebenfalls und weißt in diesem Zusammenhang darauf hin, dass das Miteinbeziehen des Grundfreibetrages grundsätzlich nicht angemessen ist. Des Weiteren führt dieser Einbezug dazu, dass der Grundfreibetrag bereits durch den Rückfluss der zuvor versteuerten Beiträge zur Rentenversicherung vollständig ausgeschöpft wird.[85]

Wissenschaftlich ist wiederum umstritten, ob der Grundfreibetrag und der Abzug von Sonderausgaben bei der Berechnung mit einbezogen werden dürfen. Beispielsweise vertritt Musil hierbei die Auffassung der Bundesregierung und

---

[84] Vgl. Musil, A. (2005), S. 283.

[85] Vgl. Brall, N., Bruno-Latocha, G., Lohmann, A. (2004), S. 431.

erlaubt in seinen Arbeiten den Abzug von Sonderausgaben mit in die Berechnung des zu versteuernden Einkommens mit einzubeziehen.[86]

Es ist fraglich, ob nur Vergünstigungen, die in Zusammenhang mit der Rente stehen, so wie es beispielsweise im Modell des Verbandes der deutschen Rentenversicherungsträger praktiziert wird, mit einbezogen, oder ob weitere Faktoren hinzugezählt werden sollen bzw. dürfen.

In diesem Zusammenhang vertritt das Bundesverfassungsgericht nachfolgende Meinung: „Hiernach ist von einer tatsächlichen steuerlichen Belastung in der Erwerbsphase, die eine Entlastung in der Nacherwerbsphase rechtfertigt, immer dann auszugehen, wenn in der Erwerbsphase eine ‚Regelbesteuerung' ohne spezielle Vergünstigungen stattgefunden hat".[87]

Die Aussage des Bundesverfassungsgerichts deutet somit auf keine Beschränkungen bezügl. der Berücksichtigung von Sonderausgaben hin. In der Literatur wird oftmals die Auffassung vertreten, dass die Sonderausgaben, jedoch nicht der

---

[86] Vgl. Musil, A. (2005), S. 283.

[87] Vgl. Aussage des BVerfG (FN 2)

Grundfreibetrag bei der Berechnung mit einbezogen werden dürfen.[88]

Somit wird in der Fachliteratur das von der Rürup-Kommission erstellte Modell zur Berechnung bevorzugt. Das Modell der Rürup-Kommission wird ebenfalls im Rahmen des Alterseinkünftegesetzes und der damit verbundenen Übergangsregelung angewandt. Dies führt zu der Schlussfolgerung, dass nur in einer geringen Anzahl von Fällen eine Doppelbesteuerung auftreten kann. Eine Doppelbesteuerung liegt nur dann vor, wenn der steuerfreie Zufluss geringer ist, als die Vorsorgeaufwendungen, die aus bereits versteuertem Einkommen geleistet wurden.[89]

4.3 Entscheidung des Bundesfinanzhof

In diesem Abschnitt wird eine Auswahl der Entscheidungen des Bundesfinanzhofes dargestellt. Bei der Auswahl wurde der Fokus auf ein möglichst breites Spektrum der Entscheidungen des Bundesfinanzhofes gelegt, sodass die Vielzahl der Entscheidungen des Bundesfinanzhofes repräsentiert werden

---

[88] Vgl. Brall, N., Bruno-Latocha, G., Lohmann, A. (2004), S. 430.

[89] Vgl. Musil, A. (2005), S. 283.

kann. Hierbei sollte jedoch darauf hingewiesen werden, dass im Rahmen dieser wissenschaftlichen Arbeit letztendlich nicht alle Auffassungen des Bundesfinanzhofes aufgeführt werden können.

Auch wenn der Bundesfinanzhof in seiner Grundsatzentscheidung zum Alterseinkünftegesetz X B 166/05 vom 1. Februar 2006 bereits einige Bestandteile geklärt hat, wurde bis dato noch nicht festgelegt, ob dann eine Doppelbesteuerung vorliegt und ob diese Doppelbesteuerung eventuell mit der Verfassung konform ist.[90]

Dieser Beschluss des Bundesfinanzhofs beruht auf einer Klage eines 32-jährigen Angestellten. Dieser wollte bereits vor 2005 die Einführung des Alterseinkünftegesetzes und die damit verbundene nachgelagerte Besteuerung durch seine Beschwerde vor dem Bundesfinanzhof verhindern. Im Jahr 2005 wurde durch ihn ein Antrag auf Lohnsteuerermäßigung gestellt. Er beantragte auch, dass seine Beitragszahlungen zur gesetzlichen Rentenversicherung in Höhe von 3.510,00 Euro als vorweggenommene Werbungskosten steuermindernd berücksichtigt werden.

---

[90] Vgl. Fischer, P. (2006), S. 835.

Dieser Steuerpflichtige unterstellte dabei, dass bei seinem Renteneintritt im Jahre 2038 98% seiner Alterseinkünfte zu versteuern sind. Daher stellte er beim Finanzamt einen Antrag auf Aussetzung der Vollziehung und 98% seiner Beiträge zur gesetzlichen Rentenversicherung als Freibetrag auf seiner Lohnsteuerkarte einzutragen.

Bei der Aussetzung der Vollziehung handelt es sich um ein in § 361 der Abgabenordnung geregeltes Rechtsbehelfsverfahren. Üblicherweise wird dieses Verfahren genutzt, wenn der Steuerpflichtige Steuern nachzahlen muss. Die Aussetzung der Vollziehung wird dabei meist in Zusammenhang mit einem Einspruch gegen einen bestehenden Verwaltungsakt beantragt.

Durch die Beantragung der Aussetzung der Vollziehung wird letztendlich der Vollzug des Verwaltungsaktes gehemmt. Dadurch entfallen wiederum Säumniszuschläge für den Zeitraum der Aussetzung. Sofern der Rechtsbehelf des Steuerpflichtigen jedoch zu keinem Erfolg führte, ist das Finanzamt gehalten, Aussetzungszinsen von 0,5% pro Monat zu erheben.[91]

Der Antragssteller berechnete in diesem Zusammenhang, dass sein einzutragender Freibetrag 1.888,00 Euro beträgt. Auf dieses

---

[91] § 237 Abgabenordnung i. v. m. § 361 Abgabenordnung

Ergebnis kam der Antragssteller, indem er seine Beitragszahlungen zur Rentenversicherung um den Arbeitnehmerpauschbetrag (§ 9a EStG) und Sonderausgaben in Höhe von 702,00 Euro kürzte.

Da der Antrag jedoch vom zuständigen Finanzamt abgelehnt wurde, reichte der Steuerpflichtige diesen Sachverhalt an den 5. Senat des Bundesfinanzhofs weiter. Dieser musste daher überprüfen, ob Vorsorgeaufwendungen Werbungskosten darstellen.

Hierbei sollte wiederum darauf hingewiesen werden, dass im Rahmen der Einführung des Alterseinkünftegesetzes bereits in § 10 III 5 des Einkommenssteuergesetzes in Verbindung mit § 10 I 2 des Einkommenssteuergesetzes ein beschränkter Sonderausgabenabzug mit konstitutiver Wirkung im Gesetz verankert wurde.

Dadurch wollte der Bundesfinanzhof darauf hinweisen, dass die Abzugsfähigkeit der Sonderausgaben und nicht der Abzug von Werbekosten durch die Bundesregierung ausgewählt wurde. Die isolierte Betrachtung der bis dato noch beschränkt abziehbaren Beiträge zur Altersvorsorge wird daher auch nicht als verfassungswidrig eingestuft.

Ob durch die beschränkte Abzugsfähigkeit der Beiträge zur Rentenversicherung eine Doppelbesteuerung entsteht, kann erst zum Zeitpunkt der Rentenzahlungen und somit erst in zukünftigen Veranlagungszeiträumen überprüft werden. Dies bedeutet, dass in dem zuvor aufgeführten Beispiel zum aktuellen Zeitpunkt keine Doppelbesteuerung auftreten kann.

Durch die Einführung des Alterseinkünftegesetzes ergeben sich im Weiteren auch Auswirkungen auf die sog. betriebliche Altersversorgung. Bei der betrieblichen Altersversorgung hantelt es sich um eine Alters-, Invaliditäts- oder Hinterbliebenenversorgung, die im Rahmen eines Arbeitsverhältnisses durch den Arbeitgeber zugesagt wurde.[92]

„Hinsichtlich der Leistungsplangestaltung werden beitragsorientierte Leistungszusagen und Beitragszusagen mit Mindestleistung unterschieden. Leistungszusagen sind grundsätzlich freiwillige Sozialleistungen des Arbeitgebers, kann aber auch arbeitnehmerfinanziert sein".[93] (Entgeltumwandlung).

---

[92] Vgl. Springer Gabler Verlag (Herausgeber) Stichwort: betriebliche Altersversorgung

[93] Vgl. Springer Gabler Verlag (Herausgeber)

Die betriebliche Altersversorgung kann der Basisversorgung zugeordnet werden.

Somit ergaben sich durch die Einführung des Alterseinkünftegesetzes ebenfalls Auswirkungen auf die Verträge, insbesondere auf die Verträge, die ab dem 1. Januar 2005 abgeschlossen wurden. Nachfolgend wird zunächst auf die alte Rechtslage, vor der Einführung des Alterseinkünftegesetzes eingegangen.

Vor der Einführung des Alterseinkünftegesetzes ergab sich eine Steuerfreiheit für die folgenden, durch den Arbeitgeber getragenen Beiträge:[94]

- Steuerbefreiung der Beiträge durch den Arbeitgeber nach § 3 Nr. 62 des Einkommenssteuergesetzes, sofern es sich um die Beiträge zur gesetzlichen Altersvorsorge oder um Beiträge, die durch den Arbeitgeber für von der Rentenversicherungspflicht befreiten Arbeitnehmern getragen werden.
- Steuerbefreiung nach § 3 Nr. 63 des Einkommenssteuergesetzes, die durch den Arbeitgeber an einen Pensionsfond bzw. eine Pensionskasse eingezahlt

[94] Vgl. Korn, K., Strahl, M. (2004), S. 14371.

wurden und 4% der gesetzlichen Beitragsbemessungsgrenze nicht überschritten wurde.

- Sofern eine Pauschalbesteuerung nach § 40b des Einkommenssteuergesetzes vorgenommen wurde. Dies bezieht sich auch auf Beiträge, die an Direktversicherungen als auch an Pensionskassen gezahlt wurden.

In dem Urteil X B 152/11 vom 04.12.2012 hat der Bundesfinanzhof erneut klargestellt, dass die Besteuerung der gesetzlichen Rentenversicherung den Grundsätzen der Verfassung entspricht.

Der Kläger war zunächst der Auffassung, dass insbesondere die Rentner, die zwischen den Jahren 2005 und 2040 in den Ruhestand treten, durch das Alterseinkünftegesetz benachteiligt werden. Aufgrund der Verfassungsmäßigkeit wurde die durch den Kläger eingereichte Klage durch den Bundesfinanzhof letztendlich abgelehnt. In diesem Zusammenhang weist der Bundesfinanzhof noch einmal darauf hin, dass der „Kläger mit dieser Argumentation übersieht, dass die Rechtsprechung bei der Überprüfung des Verbots der Doppelbesteuerung den aus versteuertem Einkommen geleisteten Altersvorsorgeaufwendungen nicht nur die von dem

Steuerpflichtigen bereits bezogenen, sondern auch die entsprechend der statistischen Lebenserwartung künftig zu erwartenden, nicht der Besteuerung unterliegenden Rentenzahlungen gegenüberstellt".[95]

In einer weiteren, aktuellen Entscheidung weist der Bundesfinanzhof darauf hin, dass im Zuge der Rentenanpassungen kein Vorteil für den Besteuerten entsteht. Dies bedeutet, dass mit der Rentenanpassung nicht gleichzeitig der steuerfreie Teil der Rente angepasst wird.

Somit bildet jeweils nur der Zeitpunkt des Renteneintrittes die Grundlage für den steuerfreien Anteil der Altersrente, sodass letztendlich jede Erhöhung der gesetzlichen Altersrente der Besteuerung unterliegt. Dies bedeutet auch, dass jede Erhöhung der gesetzlichen Altersrente um einen gewissen Anteil reduziert wird, da diese ebenfalls besteuert werden muss.[96]

Bei Rentennachzahlungen aus der Periode bis zum 31.12.2012 entsteht ebenfalls keine Steuerbefreiung. Dies

---

[95] Vgl. BFH (2012).

[96] Vgl. BFH (2013c).

bedeutet somit, dass die Rentennachzahlung ebenfalls der Besteuerung gemäß dem Alterseinkünftegesetzes unterliegt.

Diesbezüglich gibt der Bundesfinanzhof der Auffassung des Finanzamtes statt, dass sich die Grundlage der Rentenbesteuerung allein aus dem Zeitpunkt des Zuflusses der Zahlungen und nicht aus dem Zeitpunkt, zu dem der Anspruch entstanden ist.[97]

4.4 Die betriebliche Altersversorgung

Da bei der betrieblichen Altersversorgung auch zum Renteneintritt eine einmalige Kapitalabfindung gewählt werden kann, besteht für den Steuerpflichtigen die Möglichkeit, die Regelung des § 34 EStG zu nutzen. Dies bedeutet, dass 20% der Abfindung dem zu versteuernden Einkommen im Veranlagungszeitraum der Abfindung zuzurechnen ist.[98]

Erhält ein Arbeitnehmer (ledig, Steuerklasse I) beispielsweise im Jahr 2013 eine Abfindung in Höhe von 100.000,00 Euro und aufgrund des Renteneintritts ein zu versteuerndes Einkommen von 10.000,00 Euro, ergibt sich die folgende Besteuerung:

---

[97] Vgl. BFH (2011).

[98] Vgl. Campen, K., Miles, A. (Hrsg.) (2005), S. 16.

Einkommenssteuer von 40.000,00 Euro	8.983,00 Euro
Einkommenssteuer von 20.000,00 Euro	2.677,00 Euro
Differenz	6.306,00 Euro
Von der Abfindung einzubehaltende Lohnsteuer	31.530,00 Euro.
Verbleibende Abfindung nach Versteuerung	470,00 Euro.

Die Notwendigkeit der Besteuerung ergibt sich daraus, dass weder der Arbeitnehmer noch der den Beitrag zahlende Arbeitgeber, während der Ansparphase die Zahlungen versteuert. Dies könnte zu einer Doppel-Nicht-Versteuerung führen und würde im Vergleich zu anderen Steuerpflichtigen eine Bevorteilung darstellen.

Im Weiteren muss auch unterschieden werden, ob der Arbeitgeber oder auch der Arbeitnehmer die Beiträge in eine Unterstützungskasse bzw. im Rahmen einer Direktzusage anspart. Sofern es sich um eine arbeitgeberfinanzierte Altersvorsorge handelt, unterliegt diese einer Befreiung von der Sozialversicherung. Sofern die Beitragszahlungen durch den Arbeitnehmer geleistet werden und diese unterhalb von 4% der Beitragsbemessungsgrenze der gesetzlichen Rentenversicherung liegt, besteht ebenfalls eine Befreiung von der Sozialversicherung für diese Beiträge.

Der Sachverhalt, dass schon vor der Einführung des Alterseinkünftegesetzes eine Umstellung auf die nachgelagerte Besteuerung erfolgte, bedeutet, dass sich in Bezug auf die Besteuerung keine Neuerungen für die betriebliche Altersvorsorge ergeben.[99]

Die meisten Änderungen, die sich im Zusammenhang mit dem Alterseinkünftegesetz für die betriebliche Altersvorsorge ergeben, beziehen sich auf die Direktversicherung. Die Bezüge aus der Direktversicherung werden seit der Einführung des Alterseinkünftegesetzes vollständig besteuert, somit unterliegen sowohl Renten- als auch Kapitalauszahlungen der nachgelagerten Besteuerung. Jedoch nur, wenn die eingezahlten Beiträge während der Ansparphase nicht versteuert wurden. Seit der Einführung des Alterseinkünftegesetzes ergibt sich jedoch eine

---

[99] Vgl. Bick, F., Strohner, K. (2005), S. 1035

begrenzte Steuerfreiheit nach § 3 Nr. 63 des Einkommenssteuergesetzes.[100]

Seit der Einführung des Alterseinkünftegesetzes ergibt sich durch die Änderung des § 3 Nr. 63 des Einkommenssteuergesetzes nur eine Begünstigung der durch den Arbeitgeber getragenen Beiträge. Im Weiteren müssen die Beiträge auch in eine kapitalgedeckte, betriebliche Altersvorsorge eingezahlt werden.

Die Steuerfreiheit ist auch nur dann gegeben, wenn die Auszahlung der Beiträge in Form einer lebenslangen Rente durchgeführt wird und der Steuerpflichtige zuvor in einem Dienstverhältnis stand. Die vertragliche Möglichkeit einer Einmalzahlung wirkt sich jedoch nicht negativ auf die Steuerbefreiung aus.

Wenn sich der Steuerpflichtige für die Option der Einmalzahlung entscheidet, ist der Zeitpunkt der Entscheidung zu dieser Option entscheidend. Sofern sich der Steuerpflichtige beispielsweise 6 Monate vor Rentenbeginn für diese Option, bleibt die Steuerfreiheit nach § 3 Nr. 63 des Einkommenssteuergesetzes bestehen. Trifft dieselbe Person die

---

[100] Vgl. Korn, K., Strahl, M. (2004), S. 14370.

Entscheidung beispielsweise 1 ½ Jahre vor Rentenbeginn, wird die Steuerfreiheit verwirkt. Dies führt zu einer Steuerpflicht als sonstige Einkünfte gemäß § 22 Nr. 5 Satz 1 des Einkommenssteuergesetzes. Diese Steuerpflicht ergibt sich jedoch nur dann, wenn die Einmalzahlung einen Anteil von 30% übersteigt. Anderenfalls bleibt die Steuerfreiheit gemäß § 3 Nr. 63 des Einkommenssteuergesetzes in Verbindung mit § 1 I Satz 1 Nummer 1 des Gesetz über die Zertifizierung von Altersvorsorge- und Basisrentenverträgen (AltZertG) bestehen.

Dabei ist zu beachten, dass nicht nur Versicherungsunternehmen aus Deutschland mit in diese Vorgaben einbezogen werden. Auch andere Versicherungsunternehmen innerhalb der Europäischen Union werden durch die Gesetzeslage mit einbezogen. Durch die Änderungen wurde die Steuerbefreiung ebenfalls auf 4% der Beitragsbemessungsgrenze plus einen Aufstockungsbeitrag in Höhe von 1.800,00 Euro begrenzt. Diese Steuerbefreiung wirkt sich nicht auf die Befreiung von der Sozialabgabepflicht aus.

Bei der Überschreitung dieses Betrages erfolgt eine Versteuerung nach dem individuellen Steuersatz des

Steuerpflichtigen.[101] Durch den Aufstockungsbeitrag sollte für den Steuerpflichtigen ein Nachteil, der sich aus der Abschaffung der Pauschalbesteuerung des § 40b EStG (alte Fassung) ergibt, ausgeglichen werden.

Die vorherige Pauschalbesteuerung der Beitragszahlungen an Pensionskassen und Direktversicherungen wurde durch die Einführung des Alterseinkünftegesetzes für Verträge, die nach dem 1. Januar 2005 geschlossen wurden abgeschafft. Sofern es sich jedoch um eine umlagefinanzierte Pensionskasse handelt, ist weiterhin die Möglichkeit der Pauschalbesteuerung gegeben.[102]

Die zuvor aufgeführten Aspekte beziehen sich jedoch nur auf die Beiträge, die durch den Arbeitgeber gleistet wurden. Sofern die Beiträge jedoch durch den Arbeitnehmer getragen werden, besteht ebenfalls eine Steuerfreiheit für den Betrag, der 4% der Beitragsbemessungsgrenze der gesetzlichen Rentenversicherung zuzüglich des Aufstockungsbeitrages in Höhe von 1.800,00 Euro nicht übersteigt. Der gesamte Beitrag unterliegt jedoch der Sozialabgabenpflicht.[103]

---

[101] Vgl. Campen, K., Miles, A. (Hrsg.) (2005), S. 21.

[102] Vgl. Campen, K., Miles, A. (Hrsg.) (2005), S. 21.

[103] Vgl. Stiftung Warentest (Hrsg.) (2004), S.20f.

Des Weiteren ergeben sich durch das Alterseinkünftegesetz Veränderungen sowie Vereinfachungen in Bezug auf die betriebliche Altersvorsorge. Beispielsweise erhält der Arbeitnehmer die Möglichkeit, Eigenbeiträge unabhängig von Entgeltansprüchen zu leisten. Dabei handelt es sich oftmals um Zeiten der Kindererziehung oder längere Krankenphasen. In diesen Phasen könnten ohne diese Möglichkeit für den steuerpflichtigen Nachteile durch Lücken bei der Beitragszahlung entstehen.[104]

Eine der bedeutendsten Neuerungen und Vorteile, die sich für den Arbeitnehmer ergibt, ist die Möglichkeit, die Rentenansprüche beim Wechsel des Arbeitsplatzes ebenfalls mitzunehmen, ohne dass wie zuvor die Anwartschaft teilweise oder vollständig verfällt. Bei einem Wechsel des Unternehmens muss der Arbeitnehmer jedoch beantragen, dass der Übertragungswert der Anwartschaft mit zum neuen Arbeitnehmer übertragen oder eine gleichwertige Zusage durch den neuen Arbeitgeber erteilt wird.[105]

---

[104] Vgl. Wagner, G. (Hrsg.) (2005), S. 43.

[105] Vgl. Preißer, M., Sieben, S. (Hrsg.) (2005), S. 54.

4.5 Auswirkungen auf private Rentenversicherungs- und Kapitallebensversicherungsverträge

Durch die Einführung des Alterseinkünftegesetzes ergaben sich ebenfalls Auswirkungen auf private Rentenversicherungs- und Kapitallebensversicherungsverträge.[106] Bei diesen Verträgen ist es ebenfalls entscheidend, ob der Vertrag vor oder nach dem Stichtag der Einführung des Alterseinkünftegesetzes abgeschlossen wurde.

Bei den Verträgen, die vor der Einführung abgeschlossen wurden, besteht weiterhin die Möglichkeit gemäß den Regelungen des § 10 I 2 b Satz 2 des Einkommenssteuergesetzes (alte Fassung) die Beitragszahlungen als sonstige Vorsorgeaufwendungen steuermindernd anzusetzen. Maximal jedoch bis zum im § 10 IV EStG festgelegten Höchstbetrag.

Bei den sog. Altverträgen bleibt die Steuerbefreiung der Kapitalauszahlungen weiterhin bestehen, sofern die Auszahlungen nach Vollendung des 60. Lebensjahrs und nach einer Mindestlaufzeit von 12 Jahren vorgenommen werden. Dies führte dazu, dass vor dem Jahreswechsel 2004 – 2005 eine hohe

---

[106] Vgl. Loritz, Karl-Georg, DStR 2005, S. 625.

Anzahl von Bürgern noch Verträge, die den alten Regelungen entsprachen abgeschlossen haben.[107]

Sofern die Auszahlung bei diesen Verträgen in Form einer Rentenbasis erfolgt, besteht eine Besteuerung des Ertragsanteils nach § 22 Nummer 1 Satz 3 a bb des Einkommenssteuergesetzes. Dies ergibt sich daraus, dass die Beitragszahlungen aus zuvor versteuertem Einkommen durch die steuerpflichtigen erfolgt sind. Durch die Minderung der Ertragsanteile nach der Einführung des Alterseinkünftegesetzes ergab sich ein Vorteil für die Steuerzahler.[108]

Sofern eine Umstellung auf die nachgelagerte Besteuerung erfolgen würde, ergäbe sich zwangsweise eine Doppelbesteuerung. Durch diese Doppelbesteuerung würde automatisch eine verfassungswidrige Doppelbesteuerung auftreten.

Bei den Verträgen, die nach der Einführung des Alterseinkünftegesetzes geschlossen wurden oder bei denen eine einmalige bzw. vollständige Auszahlung des Kapitals vorgenommen wird ist ebenfalls zu überprüfen, ob die

---

[107] Vgl. Preißer, M., Sieben, S. (Hrsg.) (2005), S. 77.

[108] Vgl. Risthaus, A. (2006), S. 232.

Voraussetzungen der Laufzeit von mindestens 12 Jahren und die Auszahlung nach dem 60. Lebensjahr erfüllt wurden.[109]

Bei diesen Verträgen erfolgt die Besteuerung zum Zeitpunkt der Auszahlung durch die Kapitalertragssteuer. Durch einen Freistellungsauftrag oder durch eine Nichtveranlagungsbescheinigung kann die Auszahlung jedoch von der Besteuerung freigestellt werden.

Zur Vereinfachung bei der Berechnung der Besteuerungsgrundlage mittels Kapitalertragsteuer wird die Differenz zwischen den durch den steuerpflichtigen eingezahlten Beiträge und den durch das Versicherungsunternehmen ausgezahltem Beitrag berechnet.[110] Von diesem Differenzbetrag wird jedoch nur die Hälfte als Grundlage für die Besteuerung herangezogen.[111]

Dadurch, dass die Rentenversicherungen und insbesondere die Kapitallebensversicherungen zunehmend als Kapitalanlage genutzt werden, hat der Gesetzgeber durch das Alterseinkünftegesetz diese Begünstigungen für neue Verträge,

---

[109] Vgl. Redert, T. (2006), S. 1413.

[110] § 20 I 6 EStG

[111] BMF-Schreiben vom 22.12.2005, BStBl 2005 I, S. 92

die ab dem 1. Januar 2005 abgeschlossen wurden vollständig abgeschafft.

Daher unterliegen diese Verträge gemäß § 20 I Nr. 6 des Einkommenssteuergesetzes einer Besteuerung. Somit unterliegt jede Kapitalauszahlung von neuen Verträgen im Gegensatz zu den Altverträgen einer Besteuerung.

Ein Weiteres, jedoch nicht zu unterschätzendes Problem entsteht durch die nachgelagerte Besteuerung dann, wenn die steuerpflichtige Person vor oder zum Zeitpunkt des Renteneintritts aus der Bundesrepublik Deutschland in ein anderes Land zieht und somit nicht mehr in der Bundesrepublik Deutschland unbeschränkt steuerpflichtig ist. Steuerrechtlich ist diese Problematik der sog. Wegzugsbesteuerung zuzuordnen.

Diese Problematik entsteht dadurch, dass zum Zeitpunkt der Erwerbsphase in der Bundesrepublik minimiert wird, jedoch durch den Wegzug des steuerpflichtigen in ein anderes Land nicht mehr kompensiert werden könnte.

Die Höhe des zukünftigen Steueraufkommens, die durch die Rentenzahlungen erreicht werden können hängen jedoch auch von verschiedenen Faktoren ab, sodass das Finanzamt das Steueraufkommen nur eingeschränkt einschätzen kann.

Insbesondere die durch den Steuerpflichtigen gewählte Anlageform beeinflusst das Steueraufkommen. Dies geschieht dadurch, dass eine Kapitalanlage mit geringerer Verzinsung mit einem geringeren Steueraufkommen verbunden ist. Der Ertrag kann jedoch auch durch das Risiko, dass mit der Kapitalanlage verbunden ist, beeinflusst werden.

4.6 Wegzugsbesteuerung

Des Weiteren beeinflusst auch das Verhalten des zukünftigen Rentenempfängers die Steuererträge. Insbesondere in der heutigen, globalen Welt kann nicht mehr davon ausgegangen werden, dass ein steuerpflichtiger sein ganzes Leben im Bereich der Bundesrepublik Deutschland verbringt.

Somit entsteht eine Problematik, wenn keine einheitliche Gesetzeslage in Bezug auf den Wegzug von steuerpflichtigen existiert. Problematik bedeutet in diesem Zusammenhang, dass sich Steuerpflichtige der Besteuerung durch den Wegzug entziehen könnten.[112]

Zunächst muss die Finanzbehörde daher überprüfen, ob eine beschränkte oder eine unbeschränkte Steuerpflicht vorliegt. Eine

---

[112] Vgl. Musil, A. (2005), S. 284.

unbeschränkte Steuerpflicht ist dann gegeben, wenn der Steuerpflichtige seinen Wohnsitz oder seinen gewöhnlichen Aufenthaltsort im Gebiet der Bundesrepublik Deutschland hat. Hierbei ist gegebenenfalls zu beachten, dass der Aufenthalt mindestens 183 Tage im Jahr betragen muss. Die unbeschränkte Steuerpflicht führt zu einer Besteuerung des weltweiten Einkommens.[113]

Bei der beschränkten Steuerpflicht ist es nicht notwendig, dass der Steuerpflichtige einen Wohnsitz oder einen gewöhnlichen Aufenthaltsort in Deutschland hat. Somit können durch das Finanzamt nur Einkünfte besteuert werden, die im Gebiet der Bundesrepublik Deutschland erzielt wurden.[114]

Für das Finanzamt wäre es daher die einfachste Lösung, dass eine im Ausland lebende steuerpflichtige Person im Rahmen der beschränkten Steuerpflicht in Deutschland besteuert würde und somit auch die Einkünfte aus der Rente in der Bundesrepublik Deutschland besteuert würden. Dies könnte jedoch aufgrund der Steuergesetzgebung im Ausland zu einer Doppelbesteuerung des

---

[113] Vgl. Neusel, T., Arrocha, K., Beyer, S. (Hrsg.) (2006), S.175

[114] EStR 1a zu § 1a EStG

Steuerpflichtigen führen oder gegen die bestehenden Doppelbesteuerungsabkommen verstoßen.

Die Zuordnung zur beschränkten Steuerpflicht würden daher dazu führen, dass die Rentenzahlungen im jeweiligen Wohnsitzstaat des Rentners versteuert werden. Dieses Problem kann jedoch nicht dadurch gelöst werden, dass alle Doppelbesteuerungsabkommen abgeändert werden, da der Abschluss eines neuen Doppelbesteuerungsabkommens mitunter mehrere Jahre in Anspruch nehmen kann.

Hinweis: Bei einem Doppelbesteuerungsabkommen, kurz DBA handelt es sich um einen Vertrag, der zwischen der Bundesrepublik Deutschland und einem anderen Staat mit dem Ziel geschlossen wurde, für die steuerpflichtigen eine Doppelbesteuerung zu vermeiden. In diesen Verträgen ist genau geregelt, in welchem Umfang, welcher Vertragsstaat die im Geltungsbereich erzielten Einkünfte besteuern darf.

Durch diesen Vertrag soll eine Doppelbesteuerung für alle natürlichen und juristischen Personen, die Einkünfte aus beiden Vertragsstaaten erzielen, vermieden werden. Der Aufbau der meisten Doppelbesteuerungsabkommen folgt den gleichen Regelungen, oftmals liegt dabei das OECD Musterabkommen zugrunde.

Jedoch ist es für die Bundesregierung notwendig, mit jedem Land ein eigenes Doppelbesteuerungsabkommen abzuschließen, da sich die Inhalte in einzelnen Details unterscheiden, auch wenn die Grundsätze im Wesentlichen vergleichbar sind.[115]

Damit die Steuereinnahmen durch den Staat gesichert werden können, wäre u. a. die Einführung einer sog. Wegzugsbesteuerung möglich. Dies wurde vor der Einführung der aktuellen Gesetzeslage bereits durch die Rürup-Kommission diskutiert und als Vorschlag in den Abschlussbericht aufgenommen.[116]

Die Wegzugsbesteuerung soll sicherstellen, dass die im Inland existierenden stillen Reserven auch durch das jeweils zuständige Finanzamt steuerlich erfasst werden. Dies führt dazu, dass zum Zeitpunkt des Wegzuges der steuerpflichtigen Person bestimmte Anteile der Rentenleistung besteuert werden.

Beispielsweise wurde die Wegzugsbesteuerung für die Riester-Rente durch eine Änderung des § 95 des Einkommenssteuergesetzes eingeführt. Die Vorsorgebeträge müssen zu diesem Zeitpunkt versteuert werden. Auf Antrag kann

---

[115] Vgl. Bornhofen, M. (Hrsg.) (2002), S. 12

[116] Vgl. Rürup-Kommission (2006).

die Besteuerung jedoch bis zum Zeitpunkt der Rentenzahlungen gestundet werden.[117]

Die Wegzugsbesteuerung gemäß § 95 EStG ist jedoch nur dann anzuwenden, wenn die steuerpflichtige Person in ein Land außerhalb der Mitgliedsstaaten der Europäischen Union bzw. außerhalb des europäischen Wirtschaftsraums (EWR) zieht. Erfolgt ein nachträglicher Rückzug in den Geltungsbereich dieses Gesetzes oder in einen EU bzw. EWR Staat sind die entstandenen Stundungszinsen durch das zuständige Finanzamt zu erlassen.

Die Notwendigkeit, die Wegzugsbesteuerung auf Orte außerhalb der Europäischen Union bzw. außerhalb des europäischen Wirtschaftsraums zu begrenzen, entsteht aus der europarechtlichen Gesetzeslage. Dies müsste auch bei etwaigen Änderungen der deutschen Gesetzeslage beachtet werden.

Somit muss das zuständige Finanzamt auch bei der Anwendung der deutschen Gesetze in Bezug auf die Wegzugsbesteuerung auch die Gesetze der Europäischen Gemeinschaft prüfen. U. a. ist die Freizügigkeit des Arbeitnehmers gemäß Artikel 45 des Vertrages über die Arbeitsweise der Europäischen Union zu beachten.

---

[117] § 95 EStG i.V.m. §§ 93 und 94 EStG

1. „Innerhalb der Union ist die Freizügigkeit der Arbeitnehmer gewährleistet.
2. Sie umfasst die Abschaffung jeder auf der Staatsangehörigkeit beruhenden unterschiedlichen Behandlung der Arbeitnehmer der Mitgliedstaaten in Bezug auf Beschäftigung, Entlohnung und sonstige Arbeitsbedingungen.
3. Sie gibt - vorbehaltlich der aus Gründen der öffentlichen Ordnung, Sicherheit und Gesundheit gerechtfertigten Beschränkungen - den Arbeitnehmern das Recht,
   a. sich um tatsächlich angebotene Stellen zu bewerben;
   b. sich zu diesem Zweck im Hoheitsgebiet der Mitgliedstaaten frei zu bewegen;
   c. sich in einem Mitgliedstaat aufzuhalten, um dort nach den für die Arbeitnehmer dieses Staates geltenden Rechts- und Verwaltungsvorschriften eine Beschäftigung auszuüben;
   d. nach Beendigung einer Beschäftigung im Hoheitsgebiet eines Mitgliedstaats unter Bedingungen zu verbleiben, welche die Kommission durch Verordnungen festlegt.

4. Dieser Artikel findet keine Anwendung auf die Beschäftigung in der öffentlichen Verwaltung“.

Die Freizügigkeit der Arbeitnehmer gehört zu den wesentlichen Bestandteilen des EU-Rechts und stellt auf die Existenz des europäischen Binnenmarktes ab. Der Europäische Gerichtshof hat in Entscheidungen bereits darauf hingewiesen, dass der Wegzug des steuerpflichtigen üblicherweise wirtschaftlich motiviert ist und nicht zur Vermeidung von Steuern geschieht. Daher kann sich der Steuerpflichtige auch auf seine Grundfreiheit berufen und somit Beschränkungen, die ihm bei einem Wegzug auferlegt werden entgegenzutreten.[118]

In diesem Zusammenhang kann daher auch auf Artikel 21 des Vertrag über die Arbeitsweise der Europäischen Union abgestellt werden. Dieser Besagt:

1. „Jeder Unionsbürger hat das Recht, sich im Hoheitsgebiet der Mitgliedstaaten vorbehaltlich der in den Verträgen und in den Durchführungsvorschriften vorgesehenen Beschränkungen und Bedingungen frei zu bewegen und aufzuhalten.

---

[118] Vgl. Musil, A. (2005), S. 285

2. Erscheint zur Erreichung dieses Ziels ein Tätigwerden der Union erforderlich und sehen die Verträge hierfür keine Befugnisse vor, so können das Europäische Parlament und der Rat gemäß dem ordentlichen Gesetzgebungsverfahren Vorschriften erlassen, mit denen die Ausübung der Rechte nach Absatz 1 erleichtert wird.
3. Zu den gleichen wie den in Absatz 1 genannten Zwecken kann der Rat, sofern die Verträge hierfür keine Befugnisse vorsehen, gemäß einem besonderen Gesetzgebungsverfahren Maßnahmen erlassen, die die soziale Sicherheit oder den sozialen Schutz betreffen. Der Rat beschließt einstimmig nach Anhörung des Europäischen Parlaments".

Die in den europäischen Gesetzen verankerten Rechte müssen auch dann berücksichtigt werden, wenn ein steuerpflichtiger erst nach Renteneintritt in einen anderen Mitgliedsstaat der Europäischen Union bzw. des Europäischen Wirtschaftsraums zieht. Da die Wegzugsbesteuerung nur eine mittelbare Beschränkung der Freizügigkeit darstellen würde, ist die Wegzugsbesteuerung nicht durch diese Vorschrift gedeckt.[119]

---

[119] Vgl. Musil, A. (2005), S. 285

Wird in diesem Zusammenhang der Artikel 18 des Vertrag über die Arbeitsweise der Europäischen Union berücksichtigt, könnte eine andere Schlussfolgerung gezogen werden. Artikel 18 besagt: „Unbeschadet besonderer Bestimmungen der Verträge ist in ihrem Anwendungsbereich jede Diskriminierung aus Gründen der Staatsangehörigkeit verboten. Das Europäische Parlament und der Rat können gemäß dem ordentlichen Gesetzgebungsverfahren Regelungen für das Verbot solcher Diskriminierungen treffen.

Die herrschende Meinung zu Artikel 18 AEUV stellt darauf ab, dass dieser Artikel ebenfalls auch auf steuerpflichtige Personen anzuwenden ist. Daher ist die Wegzugsbesteuerung, die eine diskriminierende Beschränkung darstellt, ebenfalls von diesem Gesetz gedeckt. Das ist jedoch unabhängig von der Staatsangehörigkeit eine Besteuerung.

Somit müsste sich eine Diskriminierung gegenüber Steuerpflichtigen, die keinen Wegzug planen, ergeben. Dies ist jedoch nicht gegeben, daher wird die Wegzugsbesteuerung auch wenn nur unter Berücksichtigung sehr enger Grenzen durch die europäischen Gesetzgeber geduldet. Dies führt zu der Schlussfolgerung, dass die Wegzugsbesteuerung letztendlich keinen Königsweg darstellt und die Besteuerung von

Rentenzahlung daher bei zukünftigen Doppelbesteuerungsabkommen berücksichtigt werden müssen.[120]

[120] Vgl. Musil, A. (2005), S. 286

5 Schlussbetrachtung und Ausblick

Die Verfassungswidrigkeit der unterschiedlichen Besteuerung zwischen den Beamtenpensionen und den Rentenzahlungen durch die gesetzliche Rentenversicherung kann grundsätzlich bestätigt werden.

Diese Verfassungswidrigkeit führte zu der Notwendigkeit einer grundlegenden Reformierung der Besteuerung der Alterseinkünfte und der Zahlungen in die Pensionskassen. Aufgrund der Umstellung mussten Vorschriften für eine lange Übergangszeit erlassen werden, sodass insbesondere für Personen, die bereits vor der Einführung des Alterseinkünftegesetzes im Arbeitsleben standen möglichst keine steuerlichen Nachteile erleiden.

Jedoch kann nicht ausgeschlossen werden, dass durch die Übergangsvorschriften Nachteile für die steuerpflichtigen entstehen. Insbesondere durch die steigenden Sätze der Einzahlungen, die steuermindernd gelten gemacht werden können und der steigende Anteil, der während der Rentenphase einer Besteuerung zugrunde gelegt wird, führen nicht zu einem vollständigen Ausgleich.

Grundsätzlich kann jedoch die Schlussfolgerung gezogen werden, dass durch die Einführung des Alterseinkünftegesetzes die Vorgaben, die der Bundesregierung durch das Bundesverfassungsgericht auferlegt wurden, erfüllt worden sind.

Jedoch können die Regelungen, die im Rahmen des Alterseinkünftegesetzes erlassen wurden, als nicht optimal eingestuft werden. Dies führt zu der Notwendigkeit, dass einige der Regelungen weiterhin optimiert werden müssen. Teilweise wären Änderungen nur für die steuerpflichtigen, die während des Übergangszeitraums in den Ruhestand eintreten notwendig, daher ist mit einer Umsetzung von weiteren Änderungen voraussichtlich nicht zu rechnen.

Insbesondere jedoch für die Abwanderung von Arbeitnehmern und Rentnern ist es notwendig, konkrete Regelungen zu erlassen. Hierbei ist zu beachten, dass die Regelungen des europäischen Rechts nichts Gegensätzliches besagen, da anderenfalls ein Rechtsbruch und somit eine Nichtigkeit der eingeführten Gesetze entstehen könnte.

Grundsätzlich ist jedoch fraglich, ob die Einführung des Alterseinkünftegesetz eine Sinnvolle Umsetzung der Festgestellten Verfassungswidrigkeit darstellt. Insbesondere dadurch, dass die Anzahl der Beamten im Vergleich zu den Rentnern, die der gesetzlichen Rentenversicherung unterliegen deutlich kleiner. Somit wäre auch eine Möglichkeit gewesen, die

Besteuerungsgrundlage für die Beamtenpensionen an die Besteuerungsgrundlage der Bezieher der gesetzlichen Rentenversicherung anzugleichen.

Auch dadurch, dass die Steuerentlastung innerhalb des Zeitraumes, in dem der Steuerpflichtige in die Rentenkasse einzahlt geringer sein kann, als die Besteuerung während der Rentenphase könnten sich ebenfalls weitere Ansatzpunkte für Gerichtsentscheidungen ergeben.

Dies bedeutet auch, dass in Zukunft mit weiteren Gerichtsentscheidungen in Bezug auf diese Thematik zu rechnen ist. Damit dieses Problematik umgangen werden kann, wäre eine weitere Reformierung der aktuellen Gesetzeslage notwendig. Diese Reformierung müsste dabei in Zusammenarbeit mit Fachkräften geschehen.

Auf der anderen Seite entfällt in den nächsten Jahren ein deutlicher Anteil des Bedarfs der Reformierung dadurch, dass während der Einzahlungsphase eine vollständige Steuerbefreiung existiert und die Besteuerung nur in der Rentenphase vorgenommen wird.

Bei der Berücksichtigung, dass durch das Alterseinkünftegesetz und der dadurch erfolgenden Besteuerung in der Rentenphase ebenfalls eine Abgabe der Steuererklärung während der Rentenzeit in einer deutliche angestiegenen Anzahl von Steuerpflichten notwendig wird, ergibt sich auch eine höhere Arbeitsbelastung für die Finanzämter, die zum einen weiterhin die Steuerklärungen der Arbeitnehmern und zusätzlich die Steuererklärungen der Rentner bearbeiten müssen.

Grundsätzlich ergibt sich jedoch die Schlussfolgerung, dass durch die Einführung des Alterseinkünftegesetzes die Vorgaben, die das Bundesverfassungsgericht der Bundesregierung aufgelegt hat, vollständig erfüllt wurden. Jedoch kann in diesem Zusammenhang nicht von einer optimalen Lösung gesprochen werden.

LITERATURVERZEICHNIS

Bick, F., Strohner, K. (2005): Grundzüge der betrieblichen Altersversorgung nach den Änderungen durch das Alterseinkünftegesetz in DStR - Deutsches Steuerrecht, S. 1033-1039, 2005

Bornhofen, M. (Hrsg.): (2002): Steuerlehre 2, 22. Auflage, Wiesbaden, 2002

Brall, N., Bruno-Latocha, G., Lohmann, A. (2004): Neuordnung der Rentenbesteuerung – Auswirkungen für Versicherte, Rentner und Rentenversicherungsträger in Deutsche Rentenversicherung, 2004

Broer, M. (2004): Ein Ansatz zur verfassungsgemäßen Besteuerung von Sozialversicherungsrenten in der Betriebs Berater, S. 527-530, 2004

Campen, K., Miles, A. (Hrsg.): (2005): Altersversorgung nach dem Alterseinkünftegesetz, 2. Auflage, Berlin, 2005

Fischer, P. (2006): Vorsorgeaufwendungen und Altersbezüge – eine erste Entscheidung des BFH zum Alterseinkünftegesetz ; Anmerkung zum BFH Beschluss vom. 01.02.2006 – XB 166/05 in: Neue Wirtschaftsbrife, S. 835 – 841, 2005

Gunsenheimer, G.(2006): Die steuerliche Berücksichtigung der Vorsorgeaufwendungen nach dem Alterseinkünftegesetz in Steuer und Studium, S. 169 -179, 2006

Heuermann, B. (2006): Altersvorsorgeaufwendungen und objektives Nettoprinzip in Der Betrieb, S. 688 – 692, 2006

Hillmoth, B. (2005): Vorteilhaftigkeitsüberlegungen zum Sonderausgabenabzug von Vorsorgeaufwendungen, Günstigerprüfung nach altem und neuem Recht in Information über Steuer und Wirtschaft (INF), 2005

Intemann, J., Cöster, T. (2005): Altersvorsorgeaufwendungen als Werbungskosten? – Eine Diskussion aus steuersystematischer Sicht in DStR – Deutsches Steuerrecht, 1004

Korn, K., Strahl, M. (2004): Alterseinkünftegesetz: Änderungen und Empfehlungen in Kölner Steuerdialog, S. 14260-14373, 2004

Kußmaul, H. (2005): Betriebswirtschaftliche Steuerlehre, 4. Auflage, München, 2005

Lindmayer, K. H. (2009): Geldanlage und Steuer 2009, Wiesbaden, 2009

Musli, A. (2005): Verfassungs- und europarechtliche Probleme des Alterseinkünftegesetzes in StuW, S. 278-288, 2005

Neusel, T., Arrocha, K., Beyer, S. (Hrsg.): (2006): Neue Renten- und Pensionsbesteuerung, Wien, 2006

Niermann, W., Risthaus, A. (2005): Zwei wichtige Verwaltungsanweisungen zu den steuerlichen Änderungen bei der privaten Altersvorsorge sowie der betrieblichen Altersversorgung durch das Alterseinkünftegesetz - Die BMF-Schreiben vom 17.11.2004 und vom 24.02.2005 mit Anmerkungen in Der Betrieb Beilage Nr. 2/2005 zu Heft Nr. 18, 2005

Preißer, M., Sieben, S. (Hrsg.): (2005): Alterseinkünftegesetz – Die Neuordnung der Besteuerung von Altersvorsorgeaufwendungen und Alterseinkünften, 2. Auflage, 2005

Redert, T. (2006): Besteuerung von Lebensversicherungen; Finanzverwaltung legt Beschränkung der Privilegien aus in Neue Wirtschaftsbriefe, S. 1413-1418, 2006

Risthaus, A. (2006): Neuregelung der Besteuerung von Kapitallebensversicherungen nach § 20 Abs. 1 Nr. 6 EStG – Klarstellungen der Finanzverwaltung durch das BMF-Schreiben vom 22.12.2005 in Der Betrieb, S. 232-243, 2006

Rürup-Kommission (2006): Endbericht der Rürup-Kommission,Nachhaltigkeit der Finanzierung der sozialen Sicherungssysteme, 2006

Schnabel, R. (Hrsg.): (2004): Die nachgelagerte Besteuerung der Altersvorsorge - Wirkungen und Handlungsalternativen, Köln, 2004

Stein, M. und Jungblut, S. (2005): Steuerliche Be- und Entlastungen durch das Alterseinkünftegesetz – Handlungsempfehlungen vor dem Hintergrund eines sich ändernden Steuerumfeldes in Der Betrieb, S. 5-9, 2005

Stiftung Warentest (Hrsg.): (2004): Private Altersvorsorge, Gezielt absichern in jeder Lebensphase, Berlin, 2004

Wagner, G. (Hrsg.): (2005): Die neue Renten- und Pensionsbesteuerung – Steuerpflicht für Lebensversicherungen, Strategien für Erwerbstätige, Rentner und Pensionäre, 3. Auflage, 2005

VERZEICHNIS DER INTERNETQUELLEN

Bayrische Versorgungskammer (2011): Alterseinkünftegesetz (http://www.versorgungskammer.de/portal/page/portal/bvk/bvk/baev/index.html?Ziel=Alterseinkuenftegesetz.html) Zugriff am 19.09.2013, 2011

Deloitte (2012): Betriebliche Altersversorgung – grenzüberschreitend (http://www.deloitte.com/view/de_DE/de/dienstleistungen/steuerberatung/Global_employer_services/5d1298547ff47310VgnVCM1000001956f00aRCRD.htm#) Zugriff am 15.09.2013, 2012

Schäffers, M. (2004): Streit um die zweimalige Besteuerung in Frankfurter Allgemeine Zeitung (http://www.faz.net/aktuell/wirtschaft/wirtschaftspolitik/rentenkompass-4-doppelbesteuerung-streit-um-die-zweimalige-besteuerung-1174804.html) Zugriff am 17.09.2013, 2004

SIS Verlag (ohne Angabe): Anwendung der Öffnungsklausel (http://www.sis-verlag.de/archiv/4771-anwendung-der-oeffnungsklausel): Zugriff am 22.09.2013

Springer Gabler Verlag (Herausgeber): Gabler Wirtschaftslexikon, Stichwort: betriebliche Altersversorgung (http://wirtschaftslexikon.gabler.de/Archiv/542

77/betriebliche-altersversorgung-bav-v6.html) Zugriff am 17.10.2013

Springer Gabler Verlag (Herausgeber): Gabler Wirtschaftslexikon, Stichwort: Steuerwirkungen (http://wirtschaftslexikon.gabler.de/Archiv/6343/steuerwirkungen-v11.html) Zugriff am 05.10.2013

Steuertipps (ohne Angabe): Vorsorgeaufwendungen / Höchstbetragsberechnung (http://www.steuertipps.de/lexikon/v/vorsorgeaufwendungen-hoechstbetragsberechnung) Zugriff am 03.11.2013

RECHTSQUELLEN / RECHTSSPRECHUNG

BFH (2006): Beschluss X B 166/05 vom 01.02.2006

BFH (2011): Beschluss X R 1/10 vom 13.04.2011

BFH (2012): Beschluss X B 152/11 vom 04.12.2012

BFH (2013a): Beschluss VI R 83/10 veröffentlicht im Bundessteuerblatt 2013 II S. 573

BFH (2013b): Beschluss X B 242/12 vom 18.07.2013

BFH (2013c): Beschluss X B 113/11 vom 06.03.2013

BMF-Schreiben vom 17.11.2004

BMF-Schreiben vom 24.02.2005

BMF-Schreiben vom 03.11.2005

Bundesverfassungsgericht (1980): Urteil BvR 121/76

Bundesverfassungsgericht (1980): Urteil BvR 122/76

ABKÜRZUNGSVERZEICHNIS

a. F.	Alte Fassung
AEUV	Vertrag über die Arbeitsweise der Europäischen Union
AltEinkG	Alterseinkünftegesetz
AltZertG	Altersvorsorgeverträge-Zertifizierungsgesetz
bAV	Betriebliche Altersversorgung
BGB	Bürgerliches Gesetzbuch
BGBl	Bundesgesetzblatt
BMF	Bundesfinanzministerium
BStBl	Bundessteuerblatt
DBA	=Doppelbesteuerungsabkommen
EStG	Einkommenssteuergesetz
GG	Grundgesetz
Hrsg.	Herausgeber
OECD	Organisation für wirtschaftliche Zusammenarbeit und Entwicklung
ZfA	Zentrale Zulagenstelle für Altersvermögen